DEIN

BLOCKADEN SPRENGER

#MACHSDIRSELBST   #DEINTRAUMLEBEN

VON SIMONE HERZOG

Dein Blockadensprenger

#MACHSDIRSELBST #DEINTRAUMLEBEN

IMPRESSUM

©

Business Explosion Academy

Simone Herzog

Poststr. 48/1

73773 Aichwald

www.simoneherzog.com

www.herzog-hypnose.de

ISBN: 9798354519293

Vorwort

Juhuuuuu, du hast dir vermutlich dieses Buch hier gekauft, weil du gerade dabei bist, dir das Leben deiner Träume zu kreieren.

Meeeega schön, denn wir sind hier auf die Erde gekommen, um glücklich zu sein.

Doch manchmal ist es gar nicht so leicht, etwas zu verändern, stimmt's?

Ganz egal, ob es etwas Berufliches oder etwas Privates ist, das wir verändern möchten, es braucht immer eine andere Denkweise und andere Handlungen als bisher.

Denn das, was du bis vor zwei Minuten gedacht und getan hast, hat dir das kreiert, was du heute in deinem Leben hast.

Doch du willst ja noch so viel mehr erreichen.

Was wäre, wenn du in allen Lebensbereichen so glücklich sein könntest wie noch nie zuvor in deinem Leben?

Genau dafür ist dieses Buch gedacht. Du findest von jedem der Coaches die besten Tipps, wie du selbst deine Blockaden wegsprengen kannst.

Wir wünschen dir ganz viel Spaß beim Lesen.

Deine

Simone Herzog und alle Co-Autorinnen

INHALTSVERZEICHNIS

Vorwort...3

Kapitel 1 von Simone Herzog...............................5

Kapitel 2 von Daniela Girg 14

Kapitel 3 von Dharamleen Kerstin Ostendorp............20

Kapitel 4 von Christine Maria Schorer.....................26

Kapitel 5 von Nicole Grigoleit 39

Kapitel 6 von Silvia Wenzl...................................44

Kapitel 7 von Antje Willmes 49

Kapitel 8 von Diana Chahrrour 56

Kapitel 9 von Catharina Breu 59

Kapitel 10 von Jessica Hofmann 64

Kapitel 11 von Claudia März 72

Kapitel 12 von Rosi Höß 76

Kapitel 13 von Hannah Lipinski 92

Kapitel 14 von Karin Pilz 99

Kapitel 15 von Carine Weiss 108

Kapitel 16 von Eva-Maria Christine Bruckner............116

Kapitel 17 von Iris Hoyer 123

Kapitel 18 von Diana Hochgräfe 127

Kapitel 19 von Marianne Hämmerle 133

Über die Autoren...136

Haftungsausschluss 157

Kapitel 1 von Simone Herzog

Meine Effektivsten Tools, um Blockaden zu lösen

Veränderung sieht von außen betrachtet immer so leicht aus, oder?

Katrin reist die ganze Zeit um die Welt, Karl verdient jeden Monat 50.000 €, Gaby hat die tollste Familie, Melinda hat 20.000 Newsletter-Abonnenten, Gaby hat schon 300.000 Follower bei Tik Tok,… und andere fragen sich, wie zum Geier machen die das.

Die Menschen sehen ja auch nur das Ergebnis und hätten es auch gerne. Was man nicht direkt sieht, ist der Weg dahin.

Nur du selbst weißt über dein Leben, wie viel Tränen, Schweiß und Mut es dich gekostet hat, da zu stehen, wo du heute stehst.

Und tatsächlich kann es auch leicht gehen, wenn man weiß wie.

Doch in Wahrheit wird dein Business und Leben nur leichter, weil du besser wirst. Mein Unternehmen aufzubauen war jedenfalls die krasseste Persönlichkeitsentwicklung, die ich gemacht habe. Es geht im Prinzip nicht um Technik oder Strategien, sondern darum, die eigenen Limitierungen immer und immer wieder zu sprengen.

Und genau dafür ist dieses Buch geschrieben worden. Es soll dir zeigen, dass es auch leicht gehen kann, deine Blockaden zu lösen.

Erst gestern habe ich eine Nachricht bekommen von jemandem, der mich von früher kennt, dass bestimmt so viele Menschen das Leben gerne hätten, das ich führe und dass es kaum zu glauben ist, was für Wunder ich mir erschaffen habe, im Vergleich zu früher.

Manchmal werde ich tatsächlich gefragt, ob es immer schon alles so schön bei mir war, von Menschen, die mich noch nicht kennen.

Nein, war es nicht.

Überraschung. Haha.

Ich hatte früher ein Haufen Probleme in der Familie, mein Liebesleben war ein einziges Drama und Geld hatte ich auch keins. Ich kenne tatsächlich die Momente, wenn es dann einfach Nudeln mit Ketchup gab, weil bereits Mitte des Monats kein Geld mehr übrig war. Ich bin zum Beispiel auch zum ersten Mal in den Urlaub geflogen, als ich in der Ausbildung war und eigenes Geld hatte.

Von der Altenpflegerin zur Unternehmerin mit sechsstelligen Einnahmen, die schon tausenden Menschen dabei geholfen hat, glücklicher und erfolgreicher in ihrem Business und Leben zu werden.

Wow. Bin selber ganz geflashed.

Mir war es wichtig, dir das zu erzählen.

Einfach, dass du siehst, dass alle Inspirationen zum Blockaden lösen, die ich gleich mit dir teile, wirklich von mir angewandt werden. Das sind die Tools, die mir am meisten geholfen haben und die mir heutzutage immer noch helfen. Und ich wünsche dir, dass sie dir auch helfen.

Wenn du einfach nur das Buch liest, wird sich vermutlich nicht so viel tun. Die Magie der Veränderung liegt in der Umsetzung.

Also schnapp dir aus dem Buch einige Ding raus, die du umsetzen wirst.

Viele glauben auch, dass man irgendwann an einen Punkt kommt, an dem man nie wieder Probleme und Herausforderungen hat. Sie warten irgendwie sehnsüchtig darauf.

Doch ich kenne tatsächlich gar keinen Menschen, der keine Herausforderungen hat. Auch immer, wenn wir uns neue Ziele setzen, treffen wir auf neue Herausforderungen.

Wieder ploppen neue Glaubenssätze auf oder Dinge, die wir noch nie getan haben, dürfen dann gemacht werden.

Etwas Gravierendes ändert sich aber.

Es muss nichts mehr ein Drama sein.

Und du wirst die Dinge in deinem Leben immer schneller verändern. Manchmal fühlt es sich sogar an, wie Veränderung in Lichtgeschwindigkeit. Du wählst etwas Neues und es ist da.

Mir hat damals am meisten geholfen, dass ich angefangen habe, komplett Verantwortung für mein Leben zu übernehmen.

Nicht mehr die Schuld im Außen für etwas zu suchen und auch nicht mehr zu denken, dass die Umstände von außen halt nicht gut sind für das Leben meiner Träume.

Raus aus der Rolle: Ich arme Wurscht, mir passieren immer Dinge, die mich verletzen.

Rein in die Rolle: Ich bin die Queen in meinem Leben, die sich alles kreiert, was sie sich wünscht.

Nicht meine Familie, nicht meine Vergangenheit, nicht mein Expartner, nicht mein damaliger Chef, einfach gar niemand ist an irgendetwas schuld, dass ich Situationen in meinem Leben habe, mit denen ich unzufrieden bin.

Außerdem trägt auch keiner die Verantwortung, dass ich glücklich bin. Auch mein Partner nicht. Da bin ich selbst dafür verantwortlich.

Die Erkenntnis, dass wir immer im Außen im Leben das haben, was wir tief in unserem Inneren glauben, war bahnbrechend.

Und du kannst das tatsächlich testen.

Schnapp dir ein Blatt und ein Stift und geh mal gedanklich in die Situation, die dir nicht in deinem Leben gefällt.

Schreib dir alles einfach mal auf, was du wirklich darüber denkst.

Lass es einfach mal fließen.

Du wirst überrascht sein, dass du auf deinem Blatt die Glaubenssätze findest, die dir dein Außen kreiert.

War ich damals auch.

Selbst Personen verhalten sich oftmals passend dazu, was du über sie glaubst. Beobachte das mal bei deinem Umfeld.

Und vielleicht hast du schon sehr viel gemacht und schon sehr viele Glaubenssätze gedreht in deinem Leben.

Dann gibt's jetzt eine Spezialaufgabe für dich.

Du darfst dir mal ein Thema aus deinem Leben anschauen, bei dem du denkst:

Also nee, da hört es auf mit dem Mindset und den Glaubenssätzen. Darauf habe ich wirklich keinen Einfluss.

Ups, das wird spannend, das anzuschauen.

Denn auch da hast du Einfluss, deine Glaubenssätze so zu ändern, etwas anderes zu tun und zu sein in diesem Bereich und Schwups wird sich alles ändern.

Das Machtvollste, was wir tun können, ist, dass wir unser Inneres verändern. Du kannst wirklich dein ganzes Leben damit verändern.

Von der Frau, die immer Männer angezogen hat, die fremd gehen und sie anlügen, zu der Frau die glücklich mit ihrem Traummann verheiratet ist, der sie liebt und wertschätzt.

Von dem Mann, der keine Ausbildung hat und immer schwer gearbeitet hat in seinem Leben zu dem Unternehmer, der jetzt monatlich 30.000€ verdient.

Nur um mal ein paar Beispiele zu nennen.

Der Unterschied zwischen dem Misserfolg und Erfolg, den du dir wünschst, liegt schlicht und einfach in zwei Dingen:

1. Deinen Gedanken verbunden mit deiner Energy und

2. deinen Handlungen.

Das Wichtigste, was du machen kannst, wenn du etwas verändern möchtest, ist zum Beobachter deiner Gedanken zu werden.

Du wirst feststellen, dass du dadurch immer schneller erkennst, was du so den lieben langen Tag denkst und ob der Gedanke jetzt förderlich ist für das, was du dir wünschst oder nicht.

Am Anfang kam mir das etwas mühsam vor, weil ich sehr viele komische Glaubenssätze hatte.

Wenn ich einen erkannt habe, habe ich ihn sofort gedreht.

Ich hab mir dann gedanklich die Fragen gestellt:

Will ich das wirklich glauben?

Was will ich stattdessen glauben?

Und dann den neuen Gedanken gedacht.

In der Zwischenzeit geht das ganz automatisch.

Ich kann unglaublich schnell die Dinge drehen.

Und du kannst das auch!

Wenn du das immer wieder machst, wird es irgendwann ganz automatisch gedanklich bei dir so ablaufen, dass du dir die Gedanken so drehst, wie du sie haben willst.

Und du wirst es schon bei Kleinigkeiten merken, was das ausmacht.

Als ich mein Business gestartet habe, dachte ich zum Beispiel, ich muss immer zu bestimmten Zeiten posten, weil sonst keiner meine Posts sieht und da nicht so viele Leute online sind. Eine liebe Freundin hat mir immer gesagt, dass ich Live-Videos sonntagabends machen soll, weil da die meisten online sind.

Hab ich dann mal gemacht. Aber es hat mir gar nicht so Spaß gemacht. Wollte gerne den Sonntag lieber mit meinem Partner verbringen.

Also wollte ich das weiter glauben, dass es so ist?

Nein!

Was wollte ich stattdessen glauben?

Dass die Menschen, denen meine Videos ein Beitrag sind, die Videos immer sehen, egal zu welcher Zeit ich ein Video mache. Dass meine Videos auch als Aufzeichnung den gleichen Effekt haben. Dass mit jedem Video Buchungen reinkommen.

Und dann ist etwas Magisches passiert:

Es gab sogar einige, die ihre Termine verschoben haben oder die ihre Mittagspause ausfallen lassen haben, um beim Video dabei zu sein.

Das ist diese magische Sog-Energy, die entsteht, wenn du andere Glaubenssätze hast und wenn du die Dinge so machst, wie sie dir Spaß machen, ganz egal, was andere sagen.

Eigentlich gibt es ja auch nicht, das ist ein Glaubenssatz und das nicht. Jeder Gedanke kreiert.

Deswegen liebe ich so diese Frage:

Lade ich mir mit der Energie und den Gedanken, die ich gerade habe, die Zukunft ein, die ich mir wünsche?

Wenn nicht, weißt du, was zu tun ist.

Und hier kommt noch eine magische Übung aus der Hypnose, die ich selbst alle paar Tage vor dem Einschlafen mache.

Sie hilft mir mega gut dabei, immer in einer guten Energie zu bleiben und auch dabei Glaubenssätze und Erlebnisse loszulassen und die Zukunft einzuladen, die ich mir kreieren möchte.

Also los geht's. Das ist die Übung.

Du machst einfach deine Augen zu und stellst dir vor, wie du alles:

- was dich belastet

- was dir Gedanken macht

- was du von anderen aufgenommen hast, was nicht deins ist

- was du an Gefühlen loslassen möchtest

- was du an hinderlichen Glaubenssätzen hast

- usw.

in deine Hände einfließen lässt.

Als Gefühl aus deinem Herzen in deine Hände.

Als Gedanke aus deinem Kopf in deine Hände.

Aus deinem Unterbewusstsein in deine Hände.

Manchmal spüre ich da sogar richtig, wie meine Arme kribbeln und die Hände sich schwer anfühlen.

Wenn ich dann alles hab fließen lassen, dann schüttele ich all das aus meinen Händen und Armen raus. Also ich bewege die Hände und Arme dann wirklich und spüre da sofort, wie sich innerlich alles leicht anfühlt.

Und dann tauche ich gedanklich für einen Moment immer noch in die Zukunft ein, die ich mir kreieren möchte.

Wie will ich es haben?

Ich stell mir dann bis ins Detail vor, wie genial und schön das sein wird und fühle jetzt schon, wie ich mich dann fühlen werde.

Das ist so magisch.

Das verändert unglaublich viel.

Berichte doch gerne mal, wie diese Übung für dich war.

Und gleichzeitig ist mir noch wichtig, dir mit auf den Weg zu geben, dass du, um dir das Business und Leben deiner Träume zu kreieren, nicht unbedingt immer in deiner Vergangenheit rumstochern musst und du auch nicht krampfhaft nach irgendwelchen Blockaden suchen solltest.

Was dir deine Wünsche am meisten kreiert, ist, einfach eine neue Wahl zu treffen.

Es einfach zu tun, auch wenn es sich vielleicht am Anfang noch ungemütlich anfühlt.

Welche Wahl möchtest du heute noch treffen?

Welche Entscheidung schiebst du schon so lange vor dir her, obwohl du weißt, dass sie alles verändern würde?

Was wäre, wenn du dir erlaubst, dass dir die Sonne in allen Lebensbereichen aus deinem süßen Popo scheint?

Es ist schlicht und einfach dein Geburtsrecht glücklich und erfolgreich zu sein.

KAPITEL 2 VON DANIELA GIRG

WARUM YOGA NICHT NUR KÖRPERLICHE BLOCKADEN LÖSEN KANN

An was denkst du als Erstes, wenn du das Wort „Blockade" liest? Die meisten von uns verbinden das Wort mit etwas Körperlichem wie z. B. der Blockade im Rücken. Die häufigsten Blockaden, die uns allerdings im Alltag begegnen, sind die inneren. Es sind alte Glaubenssätze, die uns daran hindern, entspannt unseren Weg zu gehen. Es sind Ängste und Sorgen, die in unserem Kopf immer größer und mächtiger werden und manchmal auch verdrängte Gefühle, die sich ihren Weg nach oben bahnen. Es gibt auch energetische Blockaden, die den Energiefluss in uns zum Stocken bringen. Körper, Geist und Seele sind untrennbar miteinander verbunden. Eine energetische Blockade kann sich auf seelischer oder körperlicher Ebene bemerkbar machen. Eine körperliche Blockade wiederum kann ihren Ursprung in einer seelischen haben. Alles ist mit allem verbunden.

Als ich vor vielen Jahren begann Yoga zu praktizieren, tat ich das, wie die meisten, um mich körperlich fitter zu fühlen. Yoga veränderte aber nicht nur mein Fitnesslevel, es veränderte auch meine Lebenseinstellung und die Verbindung zu mir selbst. Ich erinnere mich noch gut an den Moment, als ich nach einer Yogastunde in der Endentspannung plötzlich eine unfassbar tiefe Verbindung zu mir selbst spürte. Yoga ist mehr als reine körperliche Praxis. Im Yoga Sutra ist die Asana-Praxis nur ein Teil des achtgliedrigen Yogaweges. In der Yogapraxis geht es darum, eine harmonische Verbindung zwischen Körper, Geist und Seele herzustellen. An manchen Tagen braucht es dazu eine körperliche Praxis und an anderen Tagen Meditationen oder Atemübungen. Im Yoga geht man davon aus, dass ein seelisches Ungleichgewicht zu körperlichen Blockaden führen kann.

Wir neigen dazu, Dinge, die wir nicht fühlen möchten, wegzudrücken. Alte, ungelebte Emotionen tauchen aber irgendwann wieder an der Oberfläche auf. Du kannst dir das wie eine großes Gefäß vorstellen, in das jahrelang Wasser hinein tropft. Irgendwann ist dieses Gefäß voll und beginnt überzulaufen. Genauso ist es mit ungelebten und unterdrückten Gefühlen, irgendwann passt keines davon mehr in uns hinein und bahnt sich seinen Weg nach oben. Im Yoga sagt man, dass diese Emotionen sich in der Hüfte abspeichern. Dies liegt daran, dass der Iliopsoas, der stärkste Hüftbeugemuskel in unserem Körper, bei jeglicher Form von Anspannung, sich zusammenzieht und eng wird. Durch die direkte Verbindung zu unserem vegetativen Nervensystem geht man davon aus, dass er eng mit unseren Emotionen verbunden ist. So kann es passieren, dass während eines intensiven Hüftworkshops sich plötzlich alte, längst vergessene Bilder oder Emotionen zeigen, wenn die Spannung in diesem Bereich nachlässt. Als mir dies in einer Yin Yoga Stunde zum ersten Mal passierte, war ich zuerst wirklich erschrocken, trotz meines theoretische Wissens.

Wenn wir gestresst sind, ist unser Muskeltonus automatisch erhöht. Wenn dieser Zustand über einen längeren Zeitraum anhält, entstehen Verhärtungen im Muskelgewebe, welche sich mit Schmerzen äußern. Rückenschmerzen oder auch

Kopfschmerzen sind eine häufige Folge von langanhaltendem Stress. In der Regel laufen all diese Prozesse unbewusst ab und wir nehmen erst die Auswirkungen wahr, wenn wir nicht mehr wirklich wegschauen können. Wenn also der Rücken so sehr schmerzt, dass wir uns kaum noch bewegen können oder der Kopfschmerz so intensiv ist, dass wir uns eine Auszeit nehmen müssen. Was aber wäre, wenn wir uns bewusst in solchen Momenten entspannen könnten? Was wäre, wenn du das nächste Mal in die Beobachterrolle wechselt und bewusst wahrnimmst, was sich gerade in dir verändert?

Beobachte dich mal genau, wenn du das nächste Mal in einer stressigen Situation bist.

Wie atmest du?

Wie entspannt sind deine Schultern?

Wo in deinem Körper entsteht Enge?

Dann vertiefe deinen Atmen ganz bewusst und schicke ihn genau an die Stelle, die sich eng anfühlt. Vielleicht magst du auch eine Hand genau dorthin legen und für einige Atemzüge so verharren, bis die Enge beginnt weit zu werden.

Wenn wir uns die Vorgänge in unserem Körper bewusst machen, können wir aktiv gegensteuern und verhindern, dass Blockaden entstehen. Manchmal ist es nicht möglich, direkt in der Situation zu reagieren, dann nimm dir im Nachhinein Zeit, dich zu entspannen. Eine meiner liebsten Übungen zum Loslassen und wieder Erden ist die Bauchlage-Übung.

Hierzu legst du dich auf den Bauch. Deine Füße sind mehr als hüftbreit geöffnet, die Fersen zeigen zueinander und die

Fußzehen zeigen nach außen. Du legst deine Hände zu einem Päckchen übereinander und legst deine Stirn darauf ab. In dieser Position verweilst du für mindestens fünf Minuten. Atme tief in deinen Bauch ein und aus. Spüre, wie du tief in deine Matte einsinkst, deine Bauchorgane durch deine Atmung sanft massiert werden und du mit jedem Atemzug ruhiger und ruhiger wirst.

Unser Körper ist ein Wunderwerk, der eigentlich immer für uns arbeitet. Wir haben über die Jahre verlernt, ihm gut zuzuhören und wirklich wahrzunehmen, was er braucht. Genau das können wir aber wieder lernen. Uns selbst genau zuzuhören, der Stimme zu vertrauen und Dinge in unserem Leben so zu verändern, dass unser Körper gar nicht erst laut schreien muss, bevor wir uns die benötigte Pause gönnen, uns genug bewegen oder gesunde Lebensmittel zu uns nehmen.

Viele Jahre hörte ich mir von allen Seiten an, dass ich meine Gedanken in den Griff bekommen muss, damit mein Körper aufhört, immer neue Symptome zu produzieren. Diese Aussage hörte sich für mich immer falsch an. Wenn der Körper zu dir spricht, dann tut er das in der Regel, weil wir auf die vielen Signale, die unsere Seele uns geschickt hat, nicht reagiert haben. Liebe deinen Köper und achte dieses Wunderwerk. Wir können jedes Symptom mit einem Mittel bekämpfen oder wir schauen erst nach der tieferliegenden Ursache und lösen diese. Der letzte Weg ist sicher nicht der einfachere, aber er lohnt sich.

Yoga lehrt uns eigentlich genau das. Annehmen was ist - egal ob körperliche oder seelische Gegebenheiten oder auch Einflüsse von außen. Wir müssen nicht krampfhaft versuchen, etwas zu verändern, sondern lernen anzunehmen was da ist, und dürfen gleichzeitig darauf vertrauen, dass es jetzt genau richtig ist. Einer von vielen Gründen für meine Liebe zum Yin Yoga ist, dass wir lernen, die Grenzen unseres Köpers anzunehmen. Eine körperliche Grenze durch z. B. eine Hüftfehlstellung, einen Bandscheibenvorfall, ein versteiftes Knie o. ä. ist anders zu bewerten als eine Blockade. Körperliche Grenzen sollten immer geachtet werden. Da kann es dann vorkommen, dass alle im Raum die gleiche Asana praktizieren und jede komplett anders aussieht. Wir sind alle unterschiedlich. Jeder Köper hat andere Voraussetzungen und Grenzen und auch jeder Geist.

Innere oder auch seelische Blockaden dienen fast immer als Selbstschutz. Wer sich blockiert, der schützt sich vor Ängsten, Enttäuschungen, der Möglichkeit zu scheitern und nicht zuletzt vor der Auseinandersetzung mit den eigenen Urthemen. Innerhalb deiner Komfortzone fühlt es sich zwar gemütlich an und vielleicht sogar eintönig, aber du fühlst dich sicher. Außerhalb wartet vielleicht Leichtigkeit und Spaß, aber eben auch die Blockaden, die es uns nicht so einfach machen, dorthin zu gelangen.

Manchmal hilft es schon zu erkennen, dass diese Blockade überhaupt vorhanden ist. Manchmal müssen wir uns tiefergehend damit auseinandersetzen. Gerade wenn alte Glaubenssätze oder -muster der Ursprung der Blockade sind, braucht es Mut und die Bereitschaft, sich seinen Ängsten wirklich stellen zu wollen. Wie oft sagen wir zu uns „Ich kann das nicht"? Was wäre anders, wenn du diesem Satz ein „noch" hinzufügst? „Ich kann das noch nicht" klingt gleich weniger endgültig und impliziert außerdem, dass du es irgendwann können wirst. Wie wir mit uns selbst sprechen, kann vieles verändern. Wir sind selbst oft unsere größten Kritiker. Wir sprechen mit uns so, wie wir nie mit jemand anderem sprechen würden. Ich lade dich ein dazu, das nächste

Selbstgespräch mit dir so zu führen, als wärst du deine allerbeste und liebste Freundin. Du wirst sehen, es macht einen riesigen Unterschied.

All die Blockaden, die wir wahrnehmen, können wir verändern. Manchmal ist es nur ein klitzekleiner Schritt, der uns in große Veränderungen führt und manchmal ist es ein langer Weg. Jeder Weg, den du gehst, beginnt mit dem ersten Schritt. Lauf los, selbst wenn es erst einmal nur Minischritte sind.

Kapitel 3 von Dharamleen Kerstin Ostendorp

Zurück auf Herz-Frequenz

Der natürliche Zustand ist dein befreites Herz, in überfließender Liebe einer übergeordneten Quelle. Die ganze Welt mit deiner Energie fluten, gestärkt von machtvollen hochschwingenden Kräften, Geistführern und -helfern, die dir zur Seite stehen.

Meist haben wir ein Leben lang Einflüsse aufgenommen, die unser mentales und emotionales Feld belasten und verdichtet haben. In unseren energetischen Feldern stecken also unverarbeitete Emotionen und innere Überzeugungen fest, die hinderlich sind, unser göttliches Potential zu erkennen und zu leben.

Stress ist in unserer Gesellschaft allgegenwärtig. Umso sensibler du bist, umso mehr kann dich schon ein Wort oder eine Geste verletzen. Auch können sich ganz unbewusst Ängste, Traurigkeit, Wut, Ausgrenzung, Ablehnung, Selbstzweifel, Scham- und Schuldgefühle aus Ereignissen deiner Kindheit festgesetzt haben. Du fühlst dich wie ausgebremst, um am wahren Leben teilzuhaben.

Die niedrig schwingenden Gedankenfelder und emotionalen Widerstände nennen wir landläufig Blockaden. Diese Blockaden wollen wir erlösen, damit deine Herz-Frequenz frei schwingen kann. So kommst du in deine ureigene Kraft, vielmehr noch in die

Macht des Himmels und der Erde. Du bist präsenter und damit bist du für dich selbst und andere wahrnehmbarer.

Mit deiner Liebe, Ausdehnung, Neutralität und energetischen Stabilität steigen auch deine Heilfähigkeiten.

Hier gehe ich darauf ein, wie du jetzt raus kommst aus den negativen Gedankenschleifen, Feindseligkeiten und festgehaltenen Emotionen. Zwei sehr effektive Tools, um Blockaden zu lösen, stelle ich dir hier vor:

1. Clearing im Licht

In den hohen Bewusstseinsfeldern kannst du negative Gedanken und innere Überzeugungen „löschen". Also die Energie und die Verstrickung mit Ereignissen deiner Vergangenheit durchtrennen. Das ist eine geistig-spirituelle Technik, jeder kann das von Natur aus. Hierfür verbindest du dich über deine Absicht (klare Ausrichtung deiner Gedanken) direkt mit den göttlichen Sphären. Die hohen Frequenzen erlösen niedrigschwingende Energien, Gedanken und Emotionen.

Ablauf für ein Clearing im Licht:

Sitze aufrecht und schließe die Augen. Werde still und lass weiß-goldenes Licht über dein Kronenchakra am Scheitelpunkt in dich hineinfließen. Fülle deinen physischen Körper komplett mit diesem Licht auf, bis hinein in die Finger- und Fußspitzen. Dann verbinde dich nach unten zu Mutter Erde. Verbinde dich mit dem Erdkern. Verweile einen Moment und nimm wahr, wie Mutter Erde dir antwortet. Spüre, wie ihre Energie durch deine Fußsohlen in dich hinein und hinauf strömt. Lass dein Herz von dieser Energie berühren. Dann dehne dein Herz bewusst aus: Weit über den Raum hinaus, in dem du dich befindest. Über die Stadt, das Land, den Kontinent, die ganze Erde bis in die Unendlichkeit. Dieser ausgedehnte energetische Zustand ist dein Normal. Für viele Menschen ist das ungewohnt, sie haben sich zurückgezogen in ihre Ängste und Minderwertigkeit. Jetzt beginnst du mit dem „Löschen"!

Zum Beispiel:

Ich lösche alle Ängste, die mich hindern wahrhaft zu fühlen.

Ich lösche Traurigkeit in allen Dimensionen.

Ich lösche Schuldgefühle in allen Dimensionen.

Ich lösche alle Muster, die mir nicht erlauben, glücklich zu sein.

Ich lösche alle Strukturen, die mich in alten Konditionierungen festhalten.

Ich lösche alle Ursachen von Strenge gegenüber mir selbst.

Ich lösche meine Unfähigkeit, Unterstützung anzunehmen.

Bestätige jeden Clearing-Satz mit „Löschen, löschen, löschen". Halte in dem Prozess dein Herz geöffnet, so dass die blockierten Energien über deinen Herzraum abfließen können. Dann kannst du wieder mit der Aufmerksamkeit zurückkommen, tief und vollständig ein- und ausatmen und die Augen öffnen.

2. Chakra Tapping

Jede Dysbalance kannst du den personalen Hauptchakras oder Energie-Zentren zuordnen und diese dann aus den zugehörigen Energiebahnen beziehungsweise Nadis/Meridianen herausklopfen.

Sehr leicht kannst du die Grundstimmung hinter deiner Dysbalance feststellen. Das können zum Beispiel Gefühle von Mangel an Vertrauen oder Kreativität, Selbstbegrenzung, Selbstablehnung, Unsicherheit, innerer Unruhe, negativer Erwartung, Unwürdigkeit, Frust, Verwirrung, Verzweiflung sein.

Was immer deine Dysbalance ist, wichtig dabei ist zunächst, die Themen bezogen auf die unteren Chakras zu klopfen, also Wurzelchakra, Sakralchakra, Nabelchakra, Herzchakra. Das bringt dir Stabilität, Lebenslust, Mut, Selbstwertschätzung und Selbstliebe in dein Leben. Die aktivierten Chakras beeinflussen deine Lebensenergie sehr positiv. Eine komplette Chakra-Diagnose hilft dir gezielt vorzugehen, doch auch die EFT® Emotional Freedom Techniques/Tapping-Sequenzen nach Gary Craig kannst du ganz allgemein hierfür nutzen.

Hier beschreibe ich dir, wie du vereinfachtes EFT® für die Klärung und Selbsthilfe bei emotionalen Blockaden einsetzen kannst. Du brauchst also nicht so tiefes Wissen von Chakras, Meridianen/Nadis. Durch Klopfen der Endpunkte der Meridiane erlöst du Stress aus deinem Körper. Dabei kann es sich um physischen Schmerz, einschränkende Glaubenssätze, Kindheitserlebnisse oder andere vergangene bzw. zukünftige Ereignisse handeln.

Tapping - Wie starten?

Du kannst hiermit direkt loslegen:

Ablauf für die Selbsthilfe mit Tapping:

Fokussiere ein spezifisches Problem, fühle was es in dir auslöst (z. B. Schmerz, Stress, Trauma etc.). Oder mache einen Bodyscan, um herauszufinden, wo das Ereignis in deinem Körper sitzt.

Beschreibe es. Gib diesem Ereignis eine objektive Wertung auf einer Skala von 0 - 10. Um dein Stress-Level einzuschätzen. Erstelle ein Statement oder Wiederholungssatz zu deinem Problem:

Obwohl …………………………, liebe und akzeptiere ich mich so wie ich bin. Sprich diesen Satz laut, während des gesamten Prozesses.

Zum Beispiel: „Obwohl mich das Verhalten meiner Mutter so unendlich traurig und wütend macht, liebe und akzeptiere ich mich so wie ich bin." Bleibe auf dem Gefühl zu diesem Ereignis.

4. Klopfe die Meridiane/Akupressurpunkte je 7-10-mal. Mit 3 bzw. 2 Fingern.

- linke Handkante (mit 3 Fingern klopfen)

- Scheitelpunkt

- zwischen den Augenbrauen (im Gesicht mit 2 Fingern klopfen)

- Schläfe rechts

- unter dem rechten Auge

- über der Lippe

- unter der Lippe

- unter dem rechten Schlüsselbein (mit 3 Fingern klopfen)

- am linken Rippenbogen, ca. 10 cm unter der Achselhöhle

Klopfe 1 bis 3 Runden, bis sich die hochkommenden Gefühle beruhigt haben. Wiederhole diese Klopftechnik, wenn dir danach ist. Es kann sein, dass tiefliegende Themen immer mal wieder aus einem anderen Blickwinkel in Erscheinung treten und dann getappt werden sollten. Hiermit hast du jetzt schon grundlegende Methoden, insbesondere um emotionale Wunden, Konflikte und Verstrickungen aus der Vergangenheit zu lösen.

Die neue Dimension der Liebe

Der ganze Befreiungsprozess ist notwendig, um in die neue Dimension der Liebe zu kommen. Die alten Konditionierungen machen dein Herz eng, jetzt brauchst du ein neues ausgedehntes Herz, das die ganze Macht irdischer und himmlischer Liebe vereint. Erlaube dir mit geheiltem Herzen immer mehr in deine Seelenenergien einzutreten. Verwirkliche frei, leicht und selbstbestimmt die Wünsche, die in dein Herz gelegt wurden. Öffne dich für deine Göttlichkeit und dann hilf anderen in diesem Prozess.

Für ein solides Verständnis findest du die genannten Transformationstools ausführlich in der Energie-Medizin beschrieben. Auch spirituelle Bewusstseinstrainings unterstützen die Heilung und Befreiung. Ich selbst bin unglaublich dankbar, dass ich auf meinem Wachstumsweg die Wirksamkeit der beschriebenen Tools erfahren durfte.

Basierend darauf vermittle ich nun seit Jahren auf einer tieferen Ebene die neue Herzfrequenz und halte meinen Kundinnen den Raum der Heilung, damit auch sie ihre schmerzlichsten Erfahrungen hinter sich lassen können.

Deine

Dharamleen Kerstin Ostendorp

KAPITEL 4 VON CHRISTINE MARIA SCHORER

BLOCKADEN LÖSEN - LEICHT GEMACHT!

Ich freue mich total, bei diesem Blockadenlösungs-Büchlein dabei zu sein, dich zu unterstützen, dein Leben ein bisschen leichter zu machen! Gerne gebe ich dir mein bestes Wissen und Erfahrung mit, damit du deine Blockaden loswirst, überwindest oder transformierst. Ich habe mich also gefragt, was ich dir mitgeben könnte, das hilfreich für dich wäre. Es gibt ja unfassbar viele Tools, um Blockaden loszuwerden. Und manche hören sich echt so einfach an, dass wir gleich abwinken und es schlicht sein lassen. Eines dieser Tools, bei denen wir kopfschüttelnd abwinken, ist folgendes Gedankenspiel:

Was wäre, wenn es keine Blockaden gäbe?

Was wäre, wenn es nur die IDEE einer Blockade gäbe?

Eine Idee, die da heißt: „Ich habe eine Blockade." Auch ein spannendes Gedankenexperiment, nicht wahr?

Könntest du vielleicht diese Blockade NICHT haben?

Könntest du AUCH die Idee haben, KEINE Blockade zu haben?

Genauso, wie du eben auch die Idee hast, eine zu haben? Könntest du?

Stoppe doch hier mal kurz und lass das sacken...

Vielleicht denkst du: „So ein Schmarrn, ich soll einfach so tun, als hätte ich keine Blockade. Oder gar denken, dass das nur eine Vorstellung ist und gar nicht real??"

Nun ja, das wäre tatsächlich EINE Möglichkeit. Doch die ist ZU einfach, die wählen wir meist nicht. Schon deshalb nicht, weil wir nicht wirklich glauben, dass wir einfach wählen und damit schöpferisch sein könnten!

Wir sind so gepolt, dass auch das „Blockaden-Lösen" eher schwer gehen muss, mit ein bisschen Anstrengung – oder auch mehr – und nicht von jetzt auf gleich erledigt ist.

Auch eine interessante Ansicht, nicht wahr?

Wie gesagt, tatsächlich KÖNNTE es so leicht gehen, doch wir süßen Menschlein lieben es eher mühselig und zum Lösen bekommst du von mir nachher

3 Schritte für die ultimative Freiheit von Blockaden!

Mein Verstand will immer gerne Futter und zunächst beschäftigen wir ihn ein bisschen mit Fragen, mit denen er sich wahrscheinlich noch nie beschäftigt hat:

Was ist für dich konkret „eine Blockade"?

Warum glaubst du, dass du eine hast?

Warum willst du sie überwinden?

Woran hindert sie dich?

Warum konntest du es bisher nicht?

War wäre, wenn du nicht glaubtest, dass du eine Blockade hast?

Wenn das, was du Blockade nennst, gar keine ist?

Was macht diese Blockade?

Wobei?

An was erkennst du sie? Wie zeigt sie sich in deinem Leben, deinem Alltag?

Lass deinen Denker ein bisschen arbeiten, während du weiterliest oder spiele damit ein bisschen und mache dir Notizen dazu.

Ist die Blockade eher ein Jemand, der mit der Pistole hinter dir steht und dir droht?

„Wenn du mir nicht gibst, was ich will, werde ich dich nie wieder lieben!!" (Stimme dramatisch erhoben) *oder*

„Wenn du nicht diese eine Sache überwindest, wirst du für immer unglücklich und erfolglos sein!" *oder*

„Das können alle anderen, aber DU nicht! Auf DICH hat die Welt nicht gewartet!" Nun, natürlich nicht.

Eine Blockade ist nichts Konkretes, nichts Greifbares. Es ist nichts Materielles, kein Mensch oder ein Ding. Es ist eine mentale Sache. Es ist eine Idee. Eine Vorstellung. Ein Gedanke oder gar ein ganzes Gedankenkonstrukt. Etwas, das es im Außen gar nicht gibt. Andere sehen es nicht. Das existiert nur in dir drin. Aber auch nicht wirklich. Nicht wie ein Organ oder so. Nein. Eher feinstofflich, ein Irgendwas, das dich zurückhält, stimmt's?! Sowas wie ein innerer Widerstand.

Du kannst es SPÜREN. Ja, es ist ein Gefühl. Und zwar ein blödes Gefühl. Eines, das sich anfühlt wie ein Druck, eine Schwere, ein Widerstand. Stimmt's? Und das willst du ganz und gar nicht haben. Blockaden zeigen sich gerne als Ängste, Antriebslosigkeit, Mangel, Schwere, innerer Schweinehund – ganz beliebt – und Widerstand. All das hindert dich.

Zumindest glaubst du das. Du könntest dich natürlich nicht hindern LASSEN. Doch in der Regel lassen wir uns abhalten, etwas zu tun, oder? Stimmt auch nicht ganz. Du gehst sicher weiterhin mit dieser Blockade aufs Klo, kochst dein Essen und fährst Fahrrad. Also liegt es ja nicht daran, dass du nichts könntest MIT dieser Blockade. Du kannst nur BESTIMMTE Dinge nicht. Und zwar jene Dinge, die in dir, wenn du sie tust, ZUSÄTZLICH dann ein Gefühl auslösen oder auslösen KÖNNTEN.

Wie Scham, Minderwertigkeitskomplexe, Ängste und so. DAS ist die eigentliche Blockade – die Angst vor Gefühlen, die ausgelöst werden könnten, wenn du Neues wagst. Dinge tust, die du noch nie getan hast oder die dich herausfordern, vielleicht, weil du dich zeigen müsstest. Das Gefühl, bloßgestellt, ausgelacht oder gar ignoriert zu werden, ist eine ziemlich fiese Blockade! Oder sind bestimmte Gefühle schon da, haben sich etabliert, wie eine Schwere, Unlust, Antriebslosigkeit. Diese Gefühle IN deinem Körper, wo du sie spürst, hindern dich daran, ins Tun zu kommen und zwar das, was du gerne möchtest, dich aber nicht traust.

Ursache dieser Blockaden sind Erfahrungen und Erinnerungen in der Kindheit, die nie wirklich aufgearbeitet wurden. Heißt: ungute Gefühle haben sich in deinem Körper verfestigt. Jetzt, als Erwachsene*r kann es vorkommen, dass in bestimmten Situationen du genau an diese „alten" Gefühle erinnert wirst. Und dementsprechend handelst – oder auch nicht. Es gibt eine Instanz in dir, die Sicherheit für dich will! Situationen, die neu sind, ungewohnt oder über deine Komfortzone hinaus, machen Angst. Oder lösen Scham aus. Oder halten dich schlicht zurück.

Diese erste Instanz ist dein Denker.

Wir haben ihn vorher schon kennengelernt: deinen Verstand!

Gerne verbeißt er sich wie ein Pitbull in irgendwelche Probleme, Sorgen, Nöte, verursacht gerne Leid und eben auch diese Blockaden.

Er erzählt dir gerne und auch immer wieder, wie unfähig und unzulänglich du bist. Dass du nicht gut aussiehst, eine furchtbare Figur hast und die Welt sicher nicht auf DICH gewartet hat. Außerdem gibt es ja viele Leute, die wesentlich besser sind als du und du eh keine Chance hast. Oder du verwirfst neue Ideen, weil das doch eh nicht klappt und du nicht wirklich gut genug bist!

Dein Denker da oben, der dir ständig Geschichten erzählt, am Liebsten über dich in Bezug auf andere. Damit du gefälligst dort bleibst wo du bist. Das ist gemütlich, das ist gewohnt und da kennt ER sich aus. Dein Verstand, dieser Schelm, sorgt also für die Blockade und gleichzeitig für den Wunsch, sie loszuwerden! Verstehst du?

Dein lieber, süßer Verstand ist es, der dich den lieben langen Tag mit Sachen vollquatscht – und meistens sind die eher negativ geprägt und fühlen sich nicht wirklich gut an.

Die zweite Instanz sind:

Deine Gefühle!

Die du real fühlst und zwar in und mit deinem Körper!

Durch frühere Erfahrungen und Erlebnisse hast du allerlei negative Emotionen in deinem Körper gespeichert. Der erinnert sich ziemlich gut besonders an die unangenehmen Situationen, die du erlebt hast. Wo du vielleicht vor der Klasse ausgelacht wurdest, deine Eltern dich mit deiner Freundin verglichen haben oder du von deiner ersten Liebe absorviert wurdest.

Diese unguten Gefühle hast du also unterdrückt, weil dir niemand gezeigt hat, wie du damit umgehen kannst. Wut durfte oft nicht sein, heulen war auch verpönt, man will ja keine Heulsuse oder gar ein Angsthase sein. Und die Scham vor der Klasse will man ja nicht wirklich fühlen, geschweige das Gefühl, nicht geliebt zu werden! So haben wir alle gelernt, diese Gefühle zu unterdrücken. Doch der Körper hat ein Zellgedächtnis und das vergisst NIE! On Top ist unsere innere Stimme selten liebevoll, fürsorglich und aufbauend, sondern setzt dann meist noch einen drauf! Meistens als ein permanentes Grundrauschen, wie eine Radio im Hintergrund, wird sie dann penetrant und laut, wenn du was machen willst, was außerhalb deiner Gewohnheiten ist, was dich herausfordern und du daran wachsen könntest. Aus Angst vor diesen unguten Gefühlen oder der Vorstellung, das NOCHMAL zu erleben bzw. zu fühlen, bleibst du da wo du bist und traust dich nicht, diese Hürde im Hier und Jetzt zu nehmen.

DIES IST DIE BLOCKADE.

Die dritte Instanz ist:

Dein Körper!

Der hat ein Zellgedächtnis und erinnert sich schneller an frühere Geschehnisse, als du.

Die Blockade ist schlicht die Angst vor den Gefühlen, die neue Situationen oder Herausforderungen in dir - deinem Körper - auslösen könnten. Es sind negative Gedanken, die du glaubst und die sich als negatives Gefühl in deinem Körper verfestigt haben. Diese können in der Tat hartnäckig sein, weil wir eben eher diese Gefühle vermeiden statt sie zuzulassen. Gleichzeitig werden häufig ungute Gefühle erst auch ausgelöst durch Gedanken! Der Gedanke ist der Rädelsführer in diesem Spiel. Kommen wir also zum Lösen der Blockaden. Vorneweg:

Du kannst deine Blockaden NICHT AUF VERSTANDESEBENE lösen!

Du kannst deine Blockaden nur da lösen, wo sie gespeichert sind: auf Zellebene – sprich: dein Körper muss mit!

Die 3 Schritte zur ultimativen Freiheit von Blockaden:

Schritt 1

Erkenne, dass du nicht dein Verstand bist.

Du hast einen Verstand.

Du hast Gedanken.

Du bist sie aber nicht.

Du gehst ja auch nicht in die Garage und sagst: „Ich habe ein Auto, ich BIN mein Auto!"

Also, du bist nicht dein Verstand – du hast ihn.

Du kannst ihn benutzen.

Doch meistens benutzt ER dich.

Er erzählt permanent Dinge, die er gestern auch schon erzählt hat und die letzten Jahre auch. Mit manchen Abweichungen – doch im

Großen und Ganzen erzählt er kaum was Neues. Zudem erklärt er dir die Welt. Du hörst Vögel, siehst ein Auto, spürst die Kälte. Die Stimme im Kopf erzählt dir: „Der Vogel pfeift aber schön! Das Auto fährt aber schnell. Heut ist es aber lausig kalt." All das nimmst du auch ganz genau mit deinen Sinnen wahr – doch dein Verstand erzählt es dir nochmal, so als ob du es ohne ihn nicht wahrnehmen würdest, bekräftigt es nochmal, so, als ob du ohne ihn das NICHT wahrnehmen könntest. Dein Verstand erklärt dir, wer du bist und wer nicht. Ich möchte ihn hier natürlich nicht schlechtreden. Wir brauchen ihn für viele Dinge, wie organisieren, planen, etc. Für sowas ist er sehr wertvoll und ich persönlich bin sehr dankbar für meinen Verstand. Doch meist schießt er übers Ziel hinaus – wenn wir ihn lassen.

Das ultimative Tool hier ist:

DER BEOBACHTERPOSTEN

Beobachte dich einen Tag – oder auch nur eine Stunde – mal. Was für Gedanken in dir hochkommen. Welche Gefühle sich einstellen. Wie du dich daraufhin fühlst. Was du dann tust. Wie du dich aufgrund deiner Gedanken verhältst. Was beobachtest du?

Denkst, fühlst und handelst du in verschiedenen Situationen immer gleich?

Gibt es einen roten Faden?

Wichtig: Viele Gefühle stellen sich erst ein, NACHDEM du die Gedanken über etwas hattest!

Schritt 2

Erkenne, dass du nicht deine Gefühle bist.

Du hast Gefühle – Emotionen.

Du bist sie aber nicht.

Gefühle kommen und gehen und haben grundsätzlich nichts mit uns zu tun. Sie sind schlicht Energie in Bewegung – englisch: E-motion. Sekündlich kommen viele daher – einige stören dich nicht. Die schönen Gefühle. Die lässt du geschmeidig da sein, sie spüren sich im Körper toll an. Manchmal kommen welche daher, die sich nicht so toll anfühlen. Unser Körper reagiert mit Anspannung und Widerstand. Jetzt kommst du in Aktion. Willst was tun dagegen. Sie weghaben. Vermeiden. Beschäftigst dich damit. Du willst dich wieder gut fühlen, ja vorankommen und die Angst oder das Gefühl, nicht liebenswert zu sein, stören dich dabei. Und je mehr du dich damit beschäftigst, umso stärker werden sie oft. Dann lenkst du dich ab und vergräbst sie irgendwo in deinem System. Puh, jetzt sind sie weg, Glück gehabt. Bis die nächste Situation, der nächste Mensch oder ein Umstand daherkommt, und dieses ungute Gefühl wieder hochploppt. Und statt dich damit zu beschäftigen, was du wirklich willst, beschäftigst du dich mit diesen Gefühlen. Wir haben nicht gelernt, sie einfach wieder ziehen zu lassen, nichts damit zu tun und so stecken sie im Körper als komisches, blödes, schweres, Gefühl fest. Diese werden blitzschnell aktiviert in verschiedenen Situationen oder Umständen. Als sogenannte Hemmung oder Blockade. Erkenne hier ganz deutlich, dass die Emotionen in deinem Körper stecken und du sie spüren und wahrnehmen kannst, du sie aber nicht bist! Heißt, du kannst sie aus deinem Körper lösen. Du kannst sie entlassen.

Dein Geist kann alles schaffen – es ist der Körper, den du überzeugen musst! (gehört von Maxim Mankevich)

Schritt 3

Gefühle auflösen

Du kannst die Blockade nur da lösen, wo sie entstanden ist, sich verfestigt hat: in deinem Körper. Dies ist natürlich etwas tricky am Anfang, weil wir eben so konditioniert sind, dass wir Schmerzen – ob körperlich oder auch emotional – vermeiden wollen. Doch wenn du bereit bist, alte, schmerzhafte – und das wirklich im wörtlichen Sinne - Emotionen willkommen zu heißen, anzunehmen und dann gehen zu lassen, bist du echt auf der Zielgeraden. Dazu musst du auch nicht in deiner Kindheit wühlen oder Familienaufstellungen machen. Jeder Tag birgt viele Situationen, wo du fühlen kannst. Beobachte deine Gefühle und die dazugehörigen Körperintensitäten und -reaktionen, die in den unterschiedlichsten Situationen hochkommen und die du als „Blockade" definierst.

Wenn du zum Beispiel Angst hast:

Wo im Körper spürst du sie?

Wie spürt es sich an?

Intensiv?

Stechend?

Pochend?

Ist es punktuell oder flächig?

Wie will dein Körper reagieren?

Welnen? Lachen?

Schreien?

Sich bewegen?

Mit den Füßen stampfen?

Wild tanzen? Furzen?

Aufstoßen?

Beobachte. Heiße die Angst willkommen – sie ist ja eh schon da. Nimm wahr. Sei einfach da. Tue nichts. Lass das Gefühl da sein. Beobachte gleichzeitig deine Gedanken. Nimm wahr. Tue nichts. Vielleicht wird die Körperreaktion ziemlich heftig. Vielleicht glaubst du, du kannst es nicht mehr aushalten. Vielleicht willst du abbrechen. Bleib dabei. Du stirbst nicht. Du fühlst nur deine Blockaden. Vielleicht ändert sich die Angst und wird zur Wut. Wo ist diese, wie spürt sich diese an? Was will dein Körper jetzt? Beobachte. Bleib dabei. Dann kommt vielleicht Trauer hoch. Mach diese Übung so lange, bis du im Frieden bist.

Am Ende flute deinen Körper mit allem, was er bisher nicht so richtig kennt: Dankbarkeit, Liebe, Freude, Leichtigkeit, Lachen, Kreativität – alles, was du dir wünschst!

Und dann - feiere dich!

Du hast einen Riesenschritt in Richtung Heilung gemacht. In Richtung Freiheit von deinen Blockaden. Egal, ob Angst, Genervt-Sein oder Scham: alles darf gefühlt werden! Angenommen werden – es ist eh schon da! Dein Körper erinnert sich ja bereit. Er ist dein eigentliches Unterbewusstsein. Du kannst Blockaden nur in Verbindung MIT deinem Körper lösen und deiner bewussten Bereitschaft, neue Gedanken zu denken und Altes, das hochkommt, da sein zu lassen. Wenn du dir das erlaubst, merkst du nach und nach, wie die Angst VOR der Angst und anderen unguten Gefühlen weniger wird und irgendwann ganz schwindet.

Nach meiner Erfahrung ist diese Gleichzeitigkeit von neuen Gedanken denken und alte Emotionen einladen und loslassen der Königsweg.

Zusammengefasst löst du Blockaden so:

1. Erkenne, dass du NICHT deine Gedanken und Gefühle bist.

2. Beobachte die Körperreaktionen, die deine Gedanken und Gefühle auslösen.

3. Lasse alles da sein, tue nichts damit, bis die Körperreaktion abebbt.

Erlaube dir im Alltag, dass Gedanken und Emotionen einfach kommen und gehen – ohne Zwischenspeicher in deinem Körper!

Schüttle doch ungute Gefühle sofort ab, wenn sie entstehen, wie Entchen im Teich. Hast du schon beobachtet, wenn sich 2 Entchen gestritten haben? Die schnattern sich an, schnappen mit den Schnäbeln und dann ist der Streit vorbei. Jede schwimmt in eine andere Richtung UND plustert ihr Gefieder auf, schüttelt überschüssige Energien ab. Fertig. Keine denkt noch lange drüber nach, wie blöd oder gemein die andere war und welch böse Sachen sie gesagt hat oder wie sehr sie sich schämt. Merkst du, was wir süßen Menschlein machen?? Aus allem ein Drama !

Wir könnten nämlich auch eine Abkürzung nehmen: Die Entscheidung treffen, KEINE Blockaden zu haben, wie anfangs beschrieben.

Auf jeden Fall würde es mich sehr freuen, wenn du mit diesen 3 Schritten deine Blockaden so nach und nach lösen kannst. Oder auch alle komplett auf einmal: deine Wahl!

Je mehr du an Ballast verlierst, Raum IN deinem Körper schaffst, um nicht zu sagen, dein Haus, in dem deine Seele wohnt, von altem Müll befreist, umso mehr kannst du Neues einladen. Neue, hochschwingende Gefühle, Erfahrungen und Erlebnisse und diese dann in deinem Körper speichern. Stell dir vor, dein Körper würde sich nur an Leichtigkeit, Freude, deine Erfolge und Fülle erinnern! An die Dankbarkeit, die Hilfsbereitschaft und die Liebe, die du bist und jetzt annehmen darfst! Na, wär das was??

Also, lass krachen Baby!!!

Herzlich, Christine

KAPITEL 5 VON NICOLE GRIGOLEIT

MIT SPIRITUAL FITNESS BLOCKADEN LÖSEN VOLLER SPAß UND OHNE DEN FOKUS DARAUF ZU HABEN

Du hast dir schon immer gewünscht, eine Methode zu finden, die dich ganzheitlich stärkt und bei der du nicht mehr darüber nachdenken brauchst, wie und welche Blockaden du als Nächstes lösen solltest? Dann Herzlich willkommen in der Welt von intenSati!

IntenSati (entwickelt von der Fitnesstrainerin, Autorin und spirituellen Influencerin und Trainerin, Patricia Moreno, im Jahre 2002) ist eine Methode, die dich auf allen Ebenen unterstützt, mehr in deiner Balance zu sein und mehr von DIR zu wählen. „Inten" kommt vom englischen Wort „intention", das für „Absicht" steht, „Sati" ist ein buddhistisches Wort und bedeutet „Bewusstsein ohne Bewertung".

IntenSati beinhaltet Atemtechniken, Mudras, Cardio Training, Elemente aus Yoga,- Tanz,- und Kickboxen, sowie Meditationen. Was intenSati von anderen Fitnessprogrammen wesentlich unterscheidet, sind die Affirmationen, die alle Bewegungselemente begleiten.

Während einer Live- oder Online-intenSati-Session nimmst du deinen Körper, deinen Geist und deine Seele mit auf eine Reise. Der Spaß, der dabei entsteht, sprengt den angesammelten Stress, blockierte Emotionen und Gedankengüter mit Leichtigkeit. Du signalisierst mit jeder Faser deines Seins, dass du deine Physiologie veränderst und bereit bist für neue Möglichkeiten. Durch die Kombination deines veränderten physiologischen Ausdrucks in Verbindung mit den kraftvollen Affirmationen, bringst du Veränderungen in Gang, die vorher nicht möglich gewesen wären. Du bewegst deinen Körper, veränderst deine Körperhaltung, deine Mimik, deinen Gesamtausdruck und schwitzt alles raus. Dadurch befreist du deinen Geist und kommst mehr und mehr in deine Größe.

Ich habe das erste Mal von intenSati in einem Buch von Gabrielle Bernstein (Autorin, Sprecherin, Podcasterin und spirituelle Trainerin) gelesen. Auf YouTube durfte ich dann die ersten intenSati-Trainings erleben und war von Anfang an begeistert. Es war so völlig neu, so kraftvoll und auf eine einzigartige Weise waren Veränderungen möglich, auf allen Ebenen meines Seins. Ich bin bereits über 16 Jahre im Bereich der Persönlichkeitsentwicklung aktiv, habe viele Methoden erlebt, erlernt und darf diese lehren. Was jedoch intenSati für mich ermöglicht, ist nochmal etwas ganz anderes, da es die körperliche Ebene einbezieht und die Wiederholungen der Affirmationen gefühlt noch tiefer bis in die Zellebene vibrieren und nachschwingen. Ich wollte diese Methode am liebsten sofort nach Deutschland holen.

Im Oktober 2022 wurde ich eines Morgens, wie durch eine innere Führung, auf eine Anzeige von Patricia Moreno auf der Social-Media-Plattform Facebook aufmerksam: „Online-Ausbildung zum zertifizierten intenSati Leader". Und obwohl ich schon länger kein intenSati mehr praktizierte - ich hatte es irgendwie aus den Augen verloren - wusste ich sofort, das ist der Moment für mich, mir meinen Wunsch zu erfüllen - die Methode auch in Deutschland bekannt zu machen.

Von da an bereitete ich mich auf die Trainerausbildung vor. Mein Ziel war es, täglich intenSati-Trainings zu absolvieren, sofern möglich. Dann und wann waren auch trainingsfreie Tage notwendig. Während der Vorbereitungs- und auch intensiven Ausbildungszeit, nahm ich mehr und mehr die Beobachterrolle ein und erforschte, welcher Beitrag diese Methode für mich sein kann, wenn ich sie regelmäßig anwende. Auch wenn ich in der ersten Zeit gelegentlich Muskelkater spürte, stellte ich bereits nach einigen Tagen fest, dass ich schon morgens mit den positiven Affirmationen aus den letzten Trainings aufwachte, sie waren meine ersten Gedanken. Es war, als ob sie fest in meinem Körper-Geist- und Seele-System verankert waren. Und hey, wer möchte nicht aufwachen mit positiven Gedanken wie z. B.: „Ich bin kraftvoll ohne Grenzen". Es war schon spannend das zu beobachten und zu erleben.

Meine Essensgewohnheiten veränderten sich von selbst, mein Leben war noch mehr im Fluss als zuvor, obwohl es auch vorher nicht in der extremen Dysbalance war. Schließlich habe ich in meinem Werkzeugkoffer eine Vielzahl an wunderbaren Methoden. Dennoch war es im intensiven Erleben mit intenSati einfach anders, Veränderungen auf unterschiedlichen Ebenen waren möglich. Mein Körper fühlte sich anders an, ich war noch mehr in der Verbindung mit ihm und meinem Inneren. Meine Gedankenwelt veränderte sich wesentlich. Hatte ich sonst auch den ein oder anderen nicht ganz beitragenden Gedanken, wurde dies zunehmend weniger.

In meinem Körper-Geist- und Seele-System vibrierten vermehrt die positiven Affirmationen aus dem intenSati-Training nach. In vielen alten Lehren und auch in dem Buch „Grenzenlose Energie – Das Power Prinzip" von Tony Robbins (Autor, Motivations-Sprecher und Coach) wird die Veränderung der Physiologie unter anderem als der „Königsweg zu Spitzenleistungen" bezeichnet. Oder anders gesagt - wenn du deine Physiologie veränderst, veränderst du auch deine Emotionen und Gedanken.

Während einer intenSati-Session veränderst du also deine Körperhaltung, deine Bewegungen, deinen Ausdruck, deine Mimik, deine Atmung. Du bindest Mudras mit ein, und sprichst mit kraftvoller Stimme positive Affirmationen. Und genau in diesem Moment sind wirklich Veränderungen möglich, wie du es dir vielleicht jetzt noch nicht vorstellen kannst. Und genau diese Kombination macht intenSati so kraftvoll. Blockaden lösen sich mit Leichtigkeit, ohne dass es sich für dich wie Arbeit anfühlt.

Laut Tony Robbins gibt es kein kraftvolles Handeln ohne eine kraftvolle Physiologie. Er spricht davon, dass die Physiologie der Hebel für emotionale Veränderungen ist. Eine weitere Möglichkeit sieht Tony Robbins in der Veränderung der „internalen Representation". Internale Representation bezeichnet man im NLP (Neurolinguistische Programmierung) als den gespeicherten Inhalt unseres Denkens. Dazu gehören auch Gerüche, Bilder, Klänge, Geschmäcker, Gefühle und Selbstgespräche. Und nun kommen wir auch zum zweiten Aspekt, warum intenSati so schnell Veränderungen hervorbringen kann.

Während du mit intenSati deine Physiologie veränderst, bringst du durch die kraftvoll ausgesprochenen Affirmationen neue Impulse in deine abgespeicherten Informationen deines Denkens.

Du wiederholst sie, bewegst dich dabei, atmest anders und so vieles passiert auf allen Ebenen gleichzeitig. So werden Veränderungen in allen Bereichen deines Seins möglich.

Patricia Moreno ist am 22.01.2022 von uns gegangen. Sie hat uns ihr Lebenswerk hinterlassen, um uns zu unterstützen, in unsere wahre Kraft und Größe zu kommen. Lucy Osborne führt intenSati weiter. Ich bin Patricia Moreno, Lucy Osborne und intenSati so unendlich dankbar, für diese Methode und dafür, dass ich seit Dezember 2021 intenSati in Deutschland mit deutschen Affirmationen unterrichten darf.

Veränderung KANN und DARF leicht gehen und Spaß machen.

Kapitel 6 von Silvia Wenzl

Liebst du deine Blockaden?

Du hast ein Ziel, du hast eine Vision, du willst dich verändern und schon geht es an, taratatataaaaaaa: Dein Kopfkino. Und was findest du im Kino spannend?

Na klar, ein wenig Drama und ein wenig Action!

Und weshalb sollten in deinem Kopfkino nicht auch ein paar Blockaden mit ein wenig Drama und Action eingebaut werden, auf dem Weg zu Deinem Ziel?

Und wer baut das ein?

Na DU! Findet doch definitiv in deinem Kopf statt!

Weshalb du sowas Verrücktes machen solltest?

Dir selbst das Leben schwer machen?

Na, weil du es gewohnt bist!

Jetzt fragst du dich vielleicht: „Was, das kreiere ich mir selbst?"

Ja, und ein Grund dafür könnte sein, weshalb du dir immer wieder Blockaden kreierst, du kannst dich besser fühlen, wenn Aufregung, Spannung, Druck herrscht. Jetzt könntest du wieder sagen: „Ja, aber ich stelle mir den Weg zu meinem Ziel doch einfach und leicht vor!" Ja, und genau jetzt kannst du herausfinden, ob du dich vielleicht intensiver und lebendiger fühlst, wenn du dir etwas Aufregung, Spannung und Druck kreierst? Wir lieben intensive und starke Gefühle, weil wir uns dann in unserem Körper so richtig schön lebendig fühlen. Und bevor wir nichts fühlen, nehmen wir viel lieber die unangenehmen Gefühle (weil auch herrlich intensiv). Wir malen uns 10 Mal so häufig unsere Zukunft mit Action und Drama aus, anstatt mit Einfachheit und Leichtigkeit. Und na klar hat das mit all dem gespeicherten Zeugs in deinem Köpfchen zu tun. Du erinnerst dich einfach viel zu gut an das Unangenehme und Schmerzhafte in deiner Vergangenheit. Und bitte schön, das hast du schließlich erlebt! Es ist also mehr als berechtigt, dich vor Wiederholung zu fürchten und Angst zu haben und alles dafür zu tun, dass das nie wieder geschieht.

Voila, nun hast du die Zutaten für dein Kopfkino zusammen und je mehr du darüber nachdenkst und rumhirnst (umgangssprachlich für Gedanken kreisen lassen), umso wahrscheinlicher ist es, dass du dir eine Blockade, Grenze oder ein fettes Hindernis ausdenkst. Entweder du holst dir dafür die Beweise aus der Vergangenheit oder die Sorgen (Vorsorgen) aus der Zukunft. Wo bist du dann also geistig? Genau, nicht hier! Das erzeugt Spannung! Dein Hirn möchte dann dein Gespinst so gerne ändern, dein Hirn hätte am liebsten schon die Lösung für die Vorsorge in der Zukunft, aber dann muss dein Hirn, Verstand, Geist erkennen, richtig, DU bist hier und nicht in der Zukunft. Dein Verstand kann an der Zukunft gar nichts ändern! By the way, auch nicht an der Vergangenheit. Das frustriert und führt zu allen möglichen und unmöglichen unangenehmen Gefühlen, die dir dann auch noch klarmachen, oje, das mit der Zukunft das wird schwierig.

1000 und mehr Szenarien überlegt sich dein Geist, um schon mal alle Wege zu erkunden und überall lauern Gefahren, na gut, vielleicht findest du sogar zwei Wege (mit viel Glück), die klappen könnten. Dein Geist will ja vorbereitet sein, nur für den Fall, dass es so kommt, nur damit er schon mal darüber nachgedacht hat und ihm dann im Fall der Fälle, eine Lösung einfällt. Weißt du was? 99 % davon werden überhaupt gar nicht eintreten! Klar wusstest du das, doch man darf sich ja wohl mal ein klein wenig etwas vorstellen ;) Wo lässt sich das meiste im Leben verändern? Bingo: Nur im Jetzt! Dein Sein, deine Schwingung, dein Jetzt bestimmt deine Zukunft.

Was ist also zu tun mit diesen doofen Blockaden, die dir auch noch schlechte Gefühle machen?

Das einfachste und das was du immer sofort tun kannst: Beweg dich! Beweg dich, um dich zu spüren! Beweg dich intensiv, um dich noch mehr zu spüren! Mit jeder Bewegung und das kann ganz simpel erstmal Atmen sein, kommst du automatisch zurück in deinen Körper.

Probiere gerne mal folgende Übung:

Atme tief in deine Gehirnzellen ein und lass es dort weit werden. Mit dem Ausatmen setzt du die Absicht, alles loszulassen und mitzugeben, was du nicht mehr brauchst. Atme 3x ein und aus Und dann lade mit den nächsten Atemzügen Ruhe, Stille und Weite in jede Gehirnzelle ein. Du kannst auch Dankbarkeit, Liebe, Frieden, Freude einladen mit den nächsten Atemzügen. Lass dir Zeit, solange du möchtest!

Hole mit Bewegung deinen Geist ins Hier und Jetzt zurück und lenke damit deine Aufmerksamkeit in deinen Körper. Dein Körper ist immer im Hier und Jetzt, er kann ja auch nicht anders ;) Du wirst erstaunt sein, wieviel Power und Energie du haben kannst, wenn du dich mit deinem Geist immer wieder im Hier und Jetzt in deinem Körper verankerst. Die komplette Energie, die du so oft mit Hirnen im (N)irgendwo verteilst, hast du zack wieder zur Verfügung. Und wenn du dich nun wehrst und dich fragst: „Ja Moment, so einfach geht das doch nicht, oder? Bewegen, im Hier und Jetzt sein, und das war's?

Ich muss mit den Blockaden gar nichts machen?

Ich muss meine Blockaden doch irgendwie bearbeiten, sie auflösen?

Heh, das ist ein Blockadenlösungsbuch! Ich will jetzt endlich Blockaden lösen!" Probier's mal mit Atmen! Probier's mal mit Bewegung! 99% deiner Hirngespinste oder soll ich besser sagen Blockaden, lösen sich auf, weil du deine Energie, deinen Fokus zurückholst ins Hier und Jetzt! „Aber dann ist doch da noch die Sache mit meinen Zielen, die will ich doch verfolgen, visualisieren und planen?"

Dann sei ganz beruhigt, all das darfst und sollst du natürlich weiterhin tun, aber das sinnlose Hirnen und das sinnlose Ausdenken von Sorgen, Problemen und ob du nicht doch zu unfähig bist, das bringt dich doch keinen Meter voran, oder?!

Also, was ist zu tun, wenn du dich dabei erwischst, wie du nachhirnst über: Das kann ich nicht, das darf ich nicht und meine „Tante Erna" will das nicht, dann… Beweg dich! Atme oder noch besser hüpfe, wirf einen kleinen Ball an eine Wand und fang ihn wieder auf oder geh an einen anderen Ort, um dort tief zu atmen, räum die Küche auf oder putze das Badezimmer, mach einen Spaziergang oder geh Boxen. Es kommt nicht so sehr darauf an, welche Bewegung du machst, das Entscheidende ist: Du machst sie! Lesen ist nämlich noch keine Bewegung :) Und das gilt übrigens auch, wenn du nachts vor lauter Hirnen nicht Schlafen kannst: Atmen und dein Gehirn mit Stille, Ruhe und Frieden fluten kannst du auch im Dunkeln!

Wenn du also das nächste Mal wieder dein Kopfkino anmachst, dann machst du was? Genau! Und hab mega viel Spaß dabei!

Kapitel 7 von Antje Willmes

Blockiert war gestern - Ab heute liebe ich mich selbst

Hallo! Schön, dass du da bist und dieses Buch gerade liest.

Auch wenn wir uns noch nicht persönlich kennen, weiß ich schon etwas ganz Wichtiges über dich: Du bist auf dem besten Weg in ein erfülltes und glückliches Leben. Was wäre, wenn dies schneller, angenehmer und nährender möglich ist, als du es dir jemals hast erträumen können?

Mein Name ist Antje Willmes. Ich bin Heilpraktikerin und begleite Menschen aus ihren Krisen heraus in ein erfülltes, glückvolles und selbstbestimmtes Leben. Du kennst doch bestimmt den Wunsch, manche Situationen in deinem Leben zu verändern. Du kennst auch die unbändige Energie, die aus dem Gefühl heraus entsteht, dass man jetzt definitiv nicht mehr so weiter machen kann oder will. Du kennst bestimmt auch die Entschlossenheit und die Kraft, mit der du dich aufmachst, neue Wege zu gehen. Ein ganz klassisches Beispiel ist eine Trennung vom Partner. Lange haben wir uns die Schwierigkeiten angeschaut und darunter gelitten. Wir haben mit unserem Partner geredet, wir haben versucht, Dinge anders zu machen und in vielen Fällen läuft es unweigerlich darauf hinaus, dass sich die Situation nicht ändert. Viele meiner Patienten haben nicht nur das Beziehungsthema, sondern auch schwierige Situationen innerhalb der Familie oder im Job.

Auch hier versuchen sie es mit der Variante, die wir in unserer Gesellschaft gelernt haben. Wir besprechen unsere Probleme mit vertrauten Menschen und hoffen, dass sich dadurch etwas verändert. Jetzt mal Hand aufs Herz: Wie oft hat sich für dich etwas verändert dadurch, dass du darüber gesprochen hast? Bei mir leider nicht, und ich habe das von allen Seiten immer und immer wieder versucht. Oftmals kann eine Kündigung oder eine Trennung das Mittel der Wahl sein, weil man ansonsten vor die Hunde geht. Das Spannende ist, dass wir uns nach einer Phase des Regenerierens und Heilens mit schlafwandlerischer Sicherheit wieder eine ähnliche Situation kreieren. Ja – wir kreieren sie. Auf einer unbewussten Ebene, aber wir tun es. Vielleicht sagst du jetzt „Moment mal, sowas würde ich doch nie tun! Ich will doch einfach nur glücklich sein" Stimmt – bewusst tust du das auch nicht.

Es sind deine Glaubensmuster, die dein Verhalten beeinflussen und deine Wahrnehmung steuern und somit deine Schwingung, also das, was du ausstrahlst, beeinflusst. Vor ein paar Jahren machte ich mit einer Freundin die Dortmunder Innenstadt unsicher, wir ließen unsere Bankkarten glühen und überbrückten die Zeit bis zu dem von mit voller Vorfreude erwarteten Fußballspiel. Im Stadion sagte ich zu meiner Freundin: „Das ist so toll hier im Pott. Die Menschen sind alle so extrem offen und freundlich, ich bin ganz begeistert". Sie antwortete: „Antje, die sind genauso freundlich oder unfreundlich wie bei dir zu Hause. Die können aber nur gerade nicht anders – Du strahlst sie mit so viel Freude an und bist so ansteckend fröhlich, dass sie sich natürlich freuen, dich zu sehen."

Das war die Lösung – nichts anderes. Da dachte ich mir, was, wenn man es hinkriegt, anderen mit so viel Offenheit und Lebensfreude zu begegnen, wie nur möglich - wie ist dann wohl das Leben?

Dortmund sei Dank – eine Testreihe war geboren. Nur, wie kriegt man es jetzt hin, dass man wirklich mit Lebensfreude und Offenheit und einer positiven Grundeinstellung auf Menschen zu geht. Denn, wenn man es nur aufsetzt, geht der gut gemeinte Schuss meistens nach hinten los. Das ist auch meine Diskussion mit mir, die ich über Affirmationen habe, mit positivem Denken. Nur weil ein junger Mann sich 30-mal am Tag sagt „Ich bin reich, berühmt und sexy", ist er noch lange nicht der zweite David Beckham….

Allerdings ist er auf einem guten Weg dorthin, denn er hat immerhin schon erkannt, dass er auch seine Gedanken und seine Glaubensmuster, also seine innere Überzeugung dahin ausrichten muss, wo er schlussendlich hin will.

Wir machen mal einen kurzen Ausflug in das Land der Quantenphysik. In der Quantenphysik finden wir die Erklärung, warum unsere Gedanken und unsere tiefen, inneren Gefühle sich in unserer äußeren Welt als Realität zeigen. Wie genau das abläuft, würde hier jetzt den Rahmen sprengen. In meinen Seminaren erkläre ich das ausführlicher und verweise dort auch gerne auf Dr. Joe Dispenza, der auf geniale und einfache Art und Weise seine Forschungen zu diesem Thema erklärt. Gehen wir jetzt einfach mal davon aus, dass all dies so ist. Wir sind umgeben von Energie, wir sind Energie und wir beeinflussen konstant diese Energie. Unsere Gedanken, Überzeugungen und Gefühle gestalten unsere Realität – nicht umgekehrt. Das würde bedeuten, dass wir einen direkten Einfluss auf unsere Realität haben und wenn wir wissen wie, diesen auch direkt einsetzen können.

Ich hätte an deiner Stelle früher jetzt gesagt: „Tja, hätte ich noch Energie oder Zeit zur Verfügung, würde ich das gerne ausprobieren, aber das geht jetzt leider nicht." Und genau, weil ich so war, habe ich Techniken gesucht und gefunden, die extrem schnell und extrem leicht in den Alltag zu integrieren sind. Der einzige Haken daran – man muss sie auch nutzen. Du musst es auch TUN, also zumindest, wenn du etwas verändern möchtest.

Stelle dir mal vor, dass deine Ausstrahlung oder deine Wärme, die dein Körper abstrahlt, deine energetische Visitenkarte ist. Stelle dir weiter vor, dass sie noch viel mehr Raum um dich herum einnimmt, als es dir vielleicht im Moment bewusst ist. Und dass genau in diesem Raum, in diesem Energiefeld alle Informationen gespeichert sind. Und dass diese Informationen deine Umgebung, deine Umwelt beeinflussen.

Alle Schrecken, alles Negative und Schmerzliche, alles das, was wir abwehren wollten, vor was wir uns schützen wollten, sind als energetische Informationen in unserem Feld enthalten. Oft beschreibe ich es als Ritterrüstung, die wir uns im Laufe der Zeit aneignen.

Was passiert, wenn du damit durch die Welt gehst?

Ermöglichst du anderen damit, deine wahre Schönheit zu sehen?

Können andere dein Strahlen wahrnehmen oder sehen sie nur die Reflektion deiner Rüstung?

Kannst du flexibel und leicht reagieren oder bist du eher behäbig und staksig in deinen Bewegungen?

Was passiert, wenn dir eine Biene zu nahekommt und auf deiner Haut krabbelt?

Wie hoch ist die Wahrscheinlichkeit, dass sie in deiner Rüstung in Panik gerät und dich sticht?

Du hast meine absolute Wertschätzung und Anerkennung für alle Lösungsversuche und alle Strategien, die du entwickelt hast, um zu überleben, um dorthin zu kommen, wo du heute bist. Mein Wunsch an dich ist, dass auch du dir hierfür Anerkennung gibst. Halte jetzt bitte einmal kurz inne. Lege deine Hand auf deinen Brustkorb. Nehme jetzt einfach kurz wahr - wie fühlt sich deine Hand auf deinem Brustkorb an? Wie fühlt sich dein Brustkorb unter deiner Hand an?

Atme einmal bewusst und tief ein und aus. Und sage dir: „Wow, das hast du gut gemacht". Und atme noch einmal ganz bewusst ein und aus.

Breitet sich das Lächeln schon auf deinem Gesicht aus?

Vielleicht erst mal zögerlich und skeptisch, doch mit jedem Mal wirst du immer mehr und mehr in diesen Zustand der Wertschätzung und Anerkennung dir selbst gegenüber gehen. Es lohnt sich! Baue diese kurze Übung in deinen Alltag ein. Meine Devise in solchen Fällen lautet: „Und zur Not macht ihr diese kurze, aber immens wertvolle Übung, wenn Ihr auf der Toilette sitzt. Hauptsache Ihr gönnt Euch diese Übung".

Wenn du dich nun ganz mit deiner Wertschätzung dir selbst gegenüber verbunden hast, gehe einen Schritt weiter und nimm dir 3 Minuten Zeit. Setze dich bequem hin...

Nimm jetzt wahr, wie deine Fußsohlen den Boden berühren, wie deine Oberschenkel die Sitzfläche berühren und wie sich dein rechtes Ohr gerade anfühlt …. Einfach nur wahrnehmen...

Alles, was du jetzt wahrnimmst, ist ok. Atme drei Mal in deinem Tempo tief ein und aus. Und jetzt stelle dir vor, dass du all deine Begrenzungen, deine Barrieren, deine gesamte Ritterrüstung ganz bewusst nach unten drückst und all dies in der Erde versinkt. Atme dabei ganz entspannt weiter und nimm einfach wahr, wie viel freier dein Körper wird. Wie viel mehr Raum du plötzlich hast und wie angenehm dies sich anfühlt. Es fühlt sich an, als ob die ersten Sonnenstrahlen im Frühling deine Haut berühren. Du fühlst wie dein Körper, deine Seele anfangen, sich zu nähren und endlich wieder diese angenehme Wärme und dieses wunderbare Sonnenlicht spüren. Und jetzt stelle dir vor, dass du diese ersten Sonnenstrahlen in deinen Körper, in deine Zellen hineinziehst. Du lässt deine Zellen, deinen Körper, dein Sein mit diesen wunderbar angenehmen Sonnenstrahlen fluten. Genieße dieses Gefühl und tanke so richtig auf. Und jetzt lasse das Sonnenlicht aus deinem Körper herausfließen. Es ist genug da. Es strömt immer wieder nach, es umgibt dich und deinen Körper und fließt weiter in deine Umgebung.

Mit jedem Atemzug wirst du erfüllt mit diesem nährenden, angenehmen und belebenden Gefühl. Mache diese Übung 3 bis 1000 Mal am Tag. Je öfter du sie machst, desto schneller und automatisierter läuft dies in deinem System ab. Bei stressigen oder ärgerlichen Situationen mache ich dies auch!!! Gerade dann!

Ich ärgere mich über eine Person und gehe dabei in Widerstand und Reaktion auf dessen Verhalten. Bin ich dann noch Chef über meine Energien? Nein!

Kann ich durch meinen Widerstand und meine Reaktion SEIN / IHR Verhalten ändern? Nein. Leider nicht. Kann ich beeinflussen, wie sehr mich es ärgert oder verletzt? Wie lange ich diesen Gefühlen Macht über mich gebe? Oh ja, definitiv! Um aus der Spirale der negativen Emotionen herauszukommen, senke ich meine Rüstung, meine Barrieren und ziehe das Gefühl und die Energie aus der Übung oben durch mich hindurch. Ich erinnere mich an das Gefühl des Sonnenlichts. Du wirst dich gleich wieder kraftvoller und positiver fühlen und dein Gegenüber verliert die Angriffsfläche auf dich. So wird sich die Situation viel schneller entspannen und verlaufen können, wie eine Welle am Strand, und nicht hochwirbeln wie das tosende Meer an einem Felsen.

Es gibt noch viele weitere Übungen, wie du blockierte Energie, blockierte Lebensfreude, blockierten Geldfluss oder blockierten Erfolg umwandeln kannst. Doch diese beiden Übungen, die ich jetzt mit dir geteilt habe, sind die Basis-Übungen für alles. Sie sind kurz, knackig und äußerst effektiv. Sie bringen dich wieder in Fluss. Sie öffnen dein Herz und deine Sichtweise auf die Welt und bilden somit die Grundlage für alles, was du weiter für dein Leben kreieren möchtest.

Wenn du Lust hast, und du dir dein Leben leichter, dynamischer und mit mehr Freude gestalten möchtest, kannst du dir gerne die dazugehörigen Übungen und Meditationen auf meiner Homepage herunterladen. Dies ist mein Geschenk an dich für dein erfülltes Leben. Besuche mich auf www.gotoantjewillmes.com, dort findest du unter der Rubrik „Meditationen" diese Übungen. Oder schreibe mich einfach über den Facebook Messenger an. Gib den Code „HAPPY" ein und du bekommst die Übungen und Meditationen zugeschickt.

Kapitel 8 von Diana Chahrrour

Sind deine Blockaden überhaupt die deinen?

Ja wunderbar! Da wurde ich gefragt, ob ich an einem Buch mitschreiben möchte mit dem Thema „Blockaden-Lösung". „Na klar!", habe ich gesagt! „Super!", habe ich gesagt! Und dann … dann kam erst mal nichts …. gar nichts …….. und lange Zeit immer noch nichts. Dafür so seltsame Gedanken in der Art wie „Das kannst du nicht - worüber möchtest du denn schreiben? Es gibt doch schon so viel zu diesem Thema" … bla bla bla. Da war sie also - meine Blockade! Etwas angeblich nicht zu können oder es nicht zu machen, weil man von vorneherein beschlossen hat, dass man nicht gut genug ist. Warum ich das hier schreibe - direkt an dem Anfang des Kapitels, wo es um Blockaden-Lösung gehen soll? Weil ich jetzt genau diese Frage an dich stelle:

Wie oft geht es dir so? Wie oft traust du dich nicht, etwas zu tun oder überhaupt erst anzufangen? Wie oft wolltest du vielleicht einen Kurs geben über ein Thema, was dich inspiriert, aber du gibst ihn nie, weil du nicht genug vorbereitet bist?

Wie oft schreibst du die Texte deiner Homepage um, weil sie nicht perfekt sind? Mit dem Resultat, dass die Homepage nie veröffentlicht wird? (Bei mir war es zumindest mal so.) Wenn ich jetzt noch ein wenig länger darüber nachdenke, fallen mir bestimmt noch 100 - 10.000 und mehr weitere Beispiele ein. Dir vielleicht ja auch?

Okay, uns ist klar - Blockaden hat jeder irgendwo an irgendeinem Punkt. Manche haben mehr davon, andere weniger. Auch gibt es Tage, da sind sie nicht so dominant und an anderen Tagen scheint es, sie zwingen dich regelrecht in die Handlungsunfähigkeit. Aber was machen wir jetzt mit diesen Blockaden, die scheinbar unser Leben bestimmen. An dem Punkt sind wir es gewöhnt, dass wir in die Bewertung und Schlussfolgerung gehen. Wir sind nicht genug … oder wir können etwas nicht, weil … oder das funktioniert doch eh nicht … und so weiter und so fort. Aber hast du dir jemals die Frage gestellt, ob diese Blockaden überhaupt von dir sind??? Wie? Was? Natürlich sind die von mir! Das ist normalerweise die übliche Antwort. Nein, aber jetzt mal ganz ehrlich! WAHRHEIT! Sind das DEINE Blockaden? Sind das DEINE Gedanken, Gefühle, Emotionen? Sind das DEINE Ansichten von „Ich kann nicht" und „Es geht nicht"???

Wir sind nun mal sehr wahrnehmende Wesen und 99,9 % von dem, was wir vermeintlich fühlen, ist gar nicht von uns! Tatsächlich! Vielleicht denkst du jetzt, dass ich spinne und verrücktes Zeug erzähle. Ganz ehrlich? So habe ich am Anfang auch gedacht. Aber dann habe ich es ausprobiert. Einfach mal für mich. Wie das geht? Das ist ganz einfach! Jedes Mal, wenn ein Gefühl von Zweifel, Angst, Sorge, Traurigkeit, oder aber auch Müdigkeit, Stress, Anspannung, was auch immer in dir sich zeigt, stell dir die Frage: WAHRHEIT - ist das, was ich spüre, meins oder ist es von jemandem anderen? Wenn du das Wort „Wahrheit" vorweg setzt, ist es dir nicht möglich, dich selbst zu belügen. Falls du es doch probierst, dir etwas vorzumachen, wirst du es ganz schnell merken.

Also du stellst dir die Frage: WAHRHEIT - ist das, was ich spüre, meins oder ist es von jemandem anderen? Dann nimm die Energie wahr. Wie spürt es sich für dich und deinen Körper an, wenn du diese Frage stellst? Wird es dir vielleicht leichter, wenn du fragst, ob es von jemandem anderen ist? Überall, wo wir Leichtigkeit in uns und unserem Körper verspüren, dann ist es das, was für uns wahr ist. Ist dies der Fall, dann schicke es einfach wieder zurück, wo es hergekommen ist. Du musst nicht wissen, von wem das kommt, oder wann du es abgekauft hast und in dich eingeschlossen hast. Wichtig ist alleine nur, dass du die Frage stellst, ob es überhaupt zu dir gehört.

Das Ding mit den Blockaden und Sorgen und Zweifeln, die nicht mal die unseren sind, ist zudem auch noch, dass wir diese überhaupt nicht lösen können! Also, wenn du so eine Blockade hast, die dir als unüberwindbar erscheint, dann erst recht solltest du diese Fragen stellen: Wahrheit - ist es von mir oder von jemand anderem? Wie oft hängen wir vermeintlich fest und können etwas nicht verändern oder auflösen, weil es überhaupt gar nicht von uns ist. Ich lade dich hiermit ein, einfach mit dieser Frage zu spielen. Wahrheit - ist es von dir? Oder von jemand anderem? Dann schicke es zurück und schau was sich verändert. Wie wäre es, wenn du diese Frage wirklich IMMER stellst, egal welche Blockade sich gerade zeigt.

Ich wünsche dir ganz viel Freude damit, deine abgekauften Blockaden mit dieser Frage direkt aufzulösen, indem du sie einfach wieder zurückschickst, wo der Ursprung ist. Und ja, es ist so einfach, wie es hier klingt.

Du glaubst mir nicht? Dann probiere es doch einfach mal aus. Was hast du denn zu verlieren außer deine Blockaden?

Kapitel 9 von Catharina Breu

Löse deine Blockaden und negative Glaubenssätze mit Hilfe deiner Engel

---

Du hast ja bestimmt schon viel über Blockaden oder auch negative Glaubenssätze gehört oder hier gelesen. Sie hindern dich daran, weiter zu wachsen, Dinge zu verändern oder die Dinge loszulassen, die dir nicht mehr gut tun. Ich will dir jetzt mal mein Geheimnis verraten:

Da können dir deine Engel ganz toll weiterhelfen!!! Denn deine Engel sind immer bei dir. Sie warten nur darauf, dass du sie um Hilfe bittest.

Ich möchte dir einen 4-Schritte-Plan aufzeigen, wie du mit Hilfe deiner Engel eine Blockade oder einen negativen Glaubenssatz lösen kannst.

Der erste Schritt ist, dass du dir den Glaubenssatz oder die Blockade erst einmal bewusst machst. Denn nur dann kannst du auch tätig werden - genauso wie deine Engel. Vielleicht hast du schon eine Idee, was es sein könnte. Oder du hast auch eine bestimmte Situation, in der du immer wieder stecken bleibst und nicht weiterkommst. Lass mich dir hierzu ein Beispiel von mir geben: Ich habe früher immer - eher unbewusst - gedacht, dass ich am nächsten Tag nicht fit sein kann, wenn ich nicht genügend Schlaf bekomme. Vielleicht ist da ja auch bei dir so etwas Ähnliches. Ich war häufig ziemlich ausgelaugt und der Tag war sehr anstrengend für mich, wenn ich nachts nicht viel Schlaf bekommen habe - entweder weil meine Tochter recht unruhig geschlafen hat oder ich zu spät ins Bett bin und sie sehr früh munter war. Oder auch eine Kombination aus allem - Du kannst dir das bestimmt gut vorstellen! Ich habe allerdings diesen Glaubenssatz erst gar nicht richtig wahrgenommen. Ich hatte zwar schon vor einigen Jahren gelesen, dass es nicht unbedingt sein muss, dass man 8 Stunden in der Nacht schläft, um fit zu sein. Allerdings konnte ich das für mich nicht so richtig annehmen. Vielleicht sollte ich dir dazu noch sagen, dass ich schon seit meiner Jugend das Gefühl hatte, dass ich am fittesten bin, wenn ich 8 Stunden geschlafen habe. Ich habe aber gemerkt, dass es mir nicht gut tut, wenn ich mich so sehr auf die Stundenzahl meines Schlafes konzentriere. Ganz besonders nicht mit einem kleinen Kind, das auch gerne noch mal nachts meine Nähe braucht :-)

So habe ich also meine Engel um Unterstützung gebeten, dass ich erkenne, was da genau los ist. Und so habe ich von einer Freundin einen sehr ähnlichen Glaubenssatz gehört. Das hat dann bei mir richtig „Klick" gemacht. Wenn du jetzt noch nicht so viel mit deinen Engeln arbeitest, dann kannst du ganz einfach in Kontakt mit ihnen gehen. Am besten entspannst du dich - vielleicht magst du dazu meditieren. Dann bittest du deine Engel - gedanklich oder gerne auch laut - das sie zu dir kommen. Lade sie einfach ein. Sei dir sicher, sie kommen von Herzen gerne. Wenn du sie dann wahrnimmst - das kann auch nur ein gaaaanz feines Gefühl sein, eine kleine Veränderung in deiner Wahrnehmung - bittest du sie, dass sie dir dabei helfen, zu erkennen, was es genau ist, das dich in der Situation blockiert. Sei dabei einfach ganz offen und erwarte nicht viel. Vielleicht kommt die Antwort gleich oder auch erst ein paar Tage später. Gerne kannst du sie auch direkt vor dem

Schlafengehen um Hilfe bitten, und dass sie dir in deinen Träumen zeigen, worum es geht. Manchmal ist es dabei dann auch hilfreich, dass du noch hinzufügst, dass sie dir auch helfen sollen, dass du dich am nächsten Morgen noch an den Traum erinnerst.

Der zweite Schritt ist dann, wenn dir die Blockade oder der Glaubenssatz bewusst ist, dass du es genau formulieren kannst. Denn dein Unterbewusstsein macht einen Unterschied, ob du - wie jetzt in meinem Beispiel - sagst: „Wenn ich nicht genug Schlaf habe, bin ich nicht fit am nächsten Tag" oder wenn du sagst: „Wenn ich nicht genug Schlaf bekomme, dann werde ich schneller krank". Also schau noch mal genau hin bzw. spüre nach, bei welcher Formulierung du am meisten in Resonanz gehst. Spiele hier ruhig ein wenig herum und probiere aus, was am besten für dich passt. Und auch hier helfen dir deine Engel sehr gerne ;-) Bitte sie einfach wie bei dem ersten Punkt beschrieben in einer entspannten Haltung oder Meditation oder auch direkt vor dem Schlafengehen um ihre Unterstützung.

Wenn du dann das Gefühl hast, dass sich die Formulierung für dich sehr passend anfühlt, dann ist *der dritte Schritt*, dass du versuchst den Satz einmal ins Positive umzudrehen oder das Gegenteil dazu zu finden. In meinem Beispiel war es, dass ich den Satz „Wenn ich nicht genug Schlaf habe, bin ich nicht fit am nächsten Tag" zu „Ich bin immer voller Energie, egal wie viel Schlaf ich hatte, denn göttliche Energie ist immer da" umgedreht habe. (Als kleine Anmerkung: Du kannst immer die göttliche, universelle Energie - oder wie auch immer du sie nennen möchtest - als Unterstützung hinzunehmen). Spiel auch hier ein bisschen herum. Was fühlt sich für dich gut an? Wo merkst du, dass du in Resonanz gehst? Achte dabei immer auf dein Gefühl. Denn der Kopf ist schnell zufrieden mit einem neuen Satz. Aber um den neuen Glaubenssatz auch wirklich annehmen zu können, muss dein Unterbewusstsein mitspielen. Nimm auch hier deine Engel wieder mit in den Prozess. Frage sie auch, ob vielleicht noch etwas fehlt. Du brauchst es nicht von jetzt auf gleich perfekt zu haben. Manchmal ist es sogar hilfreicher oder einfacher, wenn du mit Zwischenschritten arbeitest. Dazu kannst du auch folgende Formulierung nutzen: „Bisher habe ich gedacht, dass …. Aber ab jetzt lerne ich, dass … geht." In meinem Beispiel wäre es dann: „Bisher habe ich gedacht, dass, wenn ich nicht genug Schlaf habe, bin ich nicht fit am nächsten Tag. Aber jetzt lerne ich, dass ich immer voller Energie bin, egal wie viel Schlaf ich hatte."

Als vierten und letzten Schritt ist es nun wichtig, dass du den neuen Glaubenssatz verankerst. Denn dein Unterbewusstsein hatte viele Jahre Zeit, dass es den alten, negativen Glaubenssatz so richtig tief und fest verwurzelt hat. Der Satz wurde wahrscheinlich auch häufig bestärkt und bestätigt. Wenn du diesen jetzt also lösen willst und durch den neuen, positiven Glaubenssatz ersetzen willst, dann musst du dazu auch etwas Energie und Zeit aufbringen. Am besten nimmst du eine Übung und machst diese täglich morgens und abends für die nächsten 30 Tage - mindestens. Denke dabei immer daran, dass du sie in einer positiven Energie machst. Das heißt, wenn du den neuen Satz sprichst, dass du dich vorher in eine gute und entspannte Stimmung gebracht hast. Du kannst zum Verankern verschiedene Übungen machen. Wähle einfach die Übung aus, die dir am meisten Freude macht. Sei auch hier kreativ und lass dich gerne von deinen Engeln führen.

* Zum Beispiel kannst du jeden Morgen und Abend vor dem Spiegel deinen neuen Glaubenssatz sprechen. Schau dir dabei

selbst in die Augen. Wenn du magst, lege eine Hand auf dein Herz. Sprich den Satz mindestens 3 Mal laut aus.

* Oder du schreibst den neuen Glaubenssatz auf ein Blatt Papier, legst es auf den Boden und stellst dich darauf. Sprich jetzt den Satz laut aus und stelle dir dabei vor, wie du den Satz und die Energie über deine Füße in deinen Körper hineinziehst. Lass deinen ganzen Körper mit dem positiven neuen Satz und der Energie anfüllen. Mache das auch am besten morgens und abends.

* Möglich ist es auch, dass du beim Sprechen von deinem neuen Glaubenssatz tanzt, springst, dich bewegst. Ich habe es zum Beispiel vor ein paar Jahren so gemacht, dass ich den neuen Glaubenssatz immer wieder laut gesprochen habe, während ich eine kleine Version des Morgengrußes aus dem Yoga gemacht habe. Probiere einfach aus, was dir gut tut.

Ich wünsche dir ganz viel Freude und Erfolg dabei, eine Blockade oder einen negativen Glaubenssatz mit Hilfe deiner Engel zu lösen. Denke einfach daran, deine Engel sind immer bei dir und möchten dich von Herzen gerne unterstützen. Du brauchst sie nur darum zu bitten.

Kapitel 10 von Jessica Hofmann

Matsch im Kopf? Wie Stress unseren Kopf blockiert und wie du deine Blockade selbst lösen kannst

---

Es ist schon ein paar schöne Jahre her, da war mein Kopf ununterbrochen blockiert, um ehrlich zu sein, fühlte er sich häufig an wie Matsch. Ich wusste ganz oft gar nicht wirklich mehr, wo er mir steht. Vor lauter Drumherum, Versprechungen, Pflichten und selbst erwählten Aufgaben war für mich der folgende Satz die Tagesordnung: „Heute läuft wieder alles nicht wie geplant, dabei war ich doch so gut vorbereitet und jetzt wieder alles auf einmal!". Situationen wie: Die Deadline für die Abgabe deiner Planung ist gefährlich nahe, dein Typ ist mal wieder total gefragt und dann ist da auch noch dieser riesige Stapel an Papier, der heute noch erledigt werden muss, ganz zu schweigen von den Terminen nach Feierabend, sind absolut keine Seltenheit. Einen kühlen Kopf zu bewahren, ist so gut wie unmöglich vor lauter Punkten auf der To-do-Liste. Geschweige denn von den Dingen, die ich im Stress wieder vergessen habe. Willkommen Alltag und danke für nichts!

Vielleicht findest du dich in diesen Zeilen wieder. Es fühlt sich an, als hättest du ein Brett vorm Kopf. Leistungsdruck und Stress sind die Zauberworte, die uns so manches Mal das klare Denken so gut wie unmöglich machen. Ausschlaggebend sind die typischen

Wehwehchen, die Stress so mitbringt. Diese sorgen für den bekannten Blackout. Liegst du nachts im Bett und zählst vergeblich die Schäfchen? Dann gehörst du höchstwahrscheinlich zu den Kandidaten, die unter Schlafmangel leiden. Dieser ist beispielsweise einer der Top-Ursachen, wenn es ums Thema Vergesslichkeit und Konzentration geht. Schläfst du nicht gut, dann kann dein Gehirn wichtige Informationen nicht gut verarbeiten und nicht richtig speichern. Verzetteln ist dann vorprogrammiert. Aber auch die Themen Überforderung, Heulkrämpfe, Kopfschmerzen, Verspannungen, Bauchweh, negative Glaubenssätze, Selbstzweifel, Perfektionismus und auch mangelnde Motivation sind ganz vorne dabei, wenn es darum geht, unser Gehirn zu blockieren. In unserem Kopf herrscht in diesem Moment solch eine Leere, dass die Panik und negative Gedanken Tango tanzen können. Aber was geht denn da im Kopf tatsächlich ab, wenn sich unser Gehirn quasi stillstellt und der Blackout, Tunnelblick oder Schockstarre einzieht?

Die Verantwortung für das ganze Chaos trägt unser Hippocampus (zentrale Schaltstation des Limbischen Systems). Um dieses Phänomen zu erklären, reisen wir mal gut 500 Millionen Jahre zurück, in die Zeit, als wir noch der Leckerbissen für den ein oder anderen Säbelzahntiger waren. In dieser Zeit war es überlebensnotwendig für uns, den Tunnelblick zu haben, wenn man nicht als Appetithappen enden wollte. Entweder du hast gekämpft oder bist geflohen, vielleicht war auch mal Totstellen drin, aber eine andere Wahl hattest du da nicht. Nur wie sieht das heute aus? Die Alltagssituationen, in denen wir uns heute befinden, haben wohl eher weniger mit der Bedrohung unseres Lebens zu tun. Viel eher heißen die Säbelzahntiger heute: To-do-Listen, Verhandlungen, Präsentation oder sonst wie. Also was nun? Deinem Gegenüber den Knüppel über den Kopf ziehen, ist wohl eher weniger eine Option. Genauso wenig solltest du während eines Gesprächs einfach wegrennen oder dich totstellen. Zumindest könnte das für ordentliche Verwirrung bei deinem Gegenüber sorgen. Unser Gehirn ist in der Leistungsgesellschaft normalerweise auf Kampf programmiert, was durchaus auch gute Seiten hat. Denn wenn es darum geht, einen Wettkampf zu gewinnen oder die nächste Deadline einzuhalten, hilft uns genau diese Programmierung, erfolgreich zu sein.

Da wir im heutigen Zeitalter aber quasi unter Dauerfeuer stehen und das Wort Pause auch eher ein Fremdwort ist, macht unser Gehirn bei dem Spielchen irgendwann nicht mehr mit. Unser Hippocampus wird dann zum Rebell und entscheidet sich, zu flüchten statt in den Kampf zu ziehen. Das kann aber gerade auf der Arbeit die ein oder andere Konsequenz nach sich ziehen. Oder dafür sorgen, dass du dir über Arbeitsstress schon mal keine Gedanken mehr machen musst. Rennen kommt also auch nicht in Frage. Dann bleibt wohl nur noch das Totstellen, über die Folgen brauchen wir hier aber, so glaube ich, erst gar nicht sprechen. Man kann also sagen, dass Denkblockaden eine Stressreaktion deines Körpers sind, die dadurch entstehen, dass du für ungenügende Entspannung sorgst. Dein Hippocampus ertrinkt in dieser Situation quasi in Stresshormonen, stellt seine Tätigkeit ein und die Denkblockade ist geboren.

Wenn du die Blockade also loswerden willst, sollten Entspannung und Ursachenforschung deine zukünftigen Ziele sein. Es könnte durchaus hilfreich für dich sein, wenn du ab sofort dafür sorgst, dass es dir körperlich gut geht. Denn Körper und Geist hängen ja bekanntlich zusammen und damit machst du schon mal einen ersten Schritt. So hast du von nun an auch Zeit, dich ganz deinem

Geist zu widmen und dich auf die Lösung der Ursache zu konzentrieren. Wenn es sich bei deiner Blockade um eine aktuelle Blockade handelt, sind häufig die Stressoren (Stressauslöser) die Übeltäter. Deine aktuellen Probleme und Aufgaben wachsen schneller wie Unkraut und lassen dich gerne mal spüren, was es heißt, überfordert zu sein. Allerdings kann diese Überforderung auch aus eigenem Antrieb heraus entstehen, beispielsweise, wenn du in einer Aufgabe extrem aufgehst und selbst gar nicht mehr merkst, wann deine Batterie leer ist. Erschöpfungssyndrome winken dir dann schon aus der Ferne zu. Wenn du diese möglicherweise aus einem Verpflichtungsgefühl heraus übergehst, kann auch das Blockaden und Überforderung bedeuten. In beiden Fällen kann es dir schon helfen, einfach mal deinen Sorgen freien Lauf zu lassen und mit jemandem Vertrauten zu sprechen. Aber auch das Thema eigene Grenzen zu setzen und das Wörtchen „nein" aus der Verbannung zu holen, können hier enorm hilfreich sein. Du darfst dir immer wieder das Bild der Atemmaske im Flugzeug vor Augen halten. Denn die würdest du auch zuallererst dir aufsetzen, damit du dann imstande wärst, jemanden anderen zu retten. Und genau so ist es auch im Alltag, denn geht es dir nicht gut, kannst du auch nicht gut für jemand anderen sorgen. Die Ursache für den "Matsch im Kopf" muss allerdings nicht unbedingt etwas Gegenwertiges sein, diese liegt gerne auch in der Vergangenheit und wird lediglich durch die bekannten "Trigger-Ereignisse" wieder aktiviert. Trigger-Ereignisse können alles Mögliche sein, Düfte, Farben, Geräusche, Verhaltensweisen, Ähnlichkeiten, ... die Liste ist hier fast unendlich. Genauso gibt es auch unzählige Skills, wie du den Blockaden im Kopf entgegenwirken kannst. Ich möchte dir hier gerne eines davon vorstellen und wünsche mir für dich, dass nach der Anwendung in deinem Kopf kein Platz mehr ist, damit Panik und Gedanken Tango tanzen können.

Die Methode, die ich dir vorstellen möchte, nennt sich EFT (Emotional Freedom Technique). Sie ist genauso simpel in der Anwendung wie auch genial. Das Coole daran ist, dass du sie sogar ganz einfach bei deinen Kindern anwenden kannst. EFT kann dir helfen, Stress und psychische Belastungen bzw. Herausforderungen durch die Stimulation von Meridianpunkten zu lindern.

Und so funktioniert das Ganze:

1. Definiere deine Herausforderung. Das kann z. B. lauten: "Mich belastet der Zeitdruck, den ich aktuell habe."

2. Nimm nun deine Gefühle bewusst wahr, wenn du an deine Herausforderung denkst.

3. Jetzt bewertest du die Belastung deiner Herausforderung auf einer Skala von 0-10 (0 = keine Belastung, 10 = starke Belastung, diese Abfrage nennt sich SUD).

4. Jetzt wird geklopft! Und zwar auf den Meridianpunkten, von oben nach unten (die Reihenfolge spielt dabei keine Rolle, allerdings lässt es sich so besser merken).

Meridianpunkte:

1. Augenbraue innen (Ansatz der Augenbraue)

2. Auge außen

3. Jochbein

4. Unter der Nase

5. Kinnpunkt (Vertiefung der Unterlippe)

6. Schlüsselbein (Kreuzung, Schlüsselbein mit Brustbein)

7. Wunder Punkt (Selbstakzeptanzpunkt, dort wo man bei einem Bild das Herz in den Körper malt)

8. Unter dem Arm zwischen Achsel und Ellenbogen (Bei Männern Höhe der Brustwarze)

9. Unterer Rippenbogen auf Höhe der Brustwarze

10. Daumen oben (Hand so halten, dass Daumen oben und kleiner Finger unten sind. Am Rand des Daumens, wo das Nagelbett anfängt)

11. Zeigefinger (gleiche Seite wie beim Daumen)

12. Mittelfinger (gleiche Seite wie beim Daumen)

13. Kleiner Finger (gleiche Seite wie beim Daumen)

14. Karatepunkt (der Punkt, mit dem du einen Handkantenschlag ausführen würdest)

15. Gammut-Punkt (zwischen 4. und 5. Mittelhandknochen, in der Vertiefung auf der Seite des Karatepunktes)

Ablauf:

Du fängst nun an, mindestens zwei Runden zu klopfen. In der ersten Runde startest du mit dem negativen Gefühl/ der Herausforderung in Verbindung mit einer positiven Affirmation, z. B. „Obwohl mich der Zeitdruck, den ich aktuell habe, sehr belastet, liebe und akzeptiere ich mich so wie ich bin!" Solltest du aus welchem Grund auch immer nicht sagen können „liebe und akzeptiere ich mich so wie ich bin", dann sag einfach „bin ich gut so wie ich bin." Mit diesem Satz gehst du nun jeden der Meridianpunkte durch. Bevor du nun in die zweite Runde startest, lässt du deine Augen von oben links nach rechts und umgekehrt kreisen. Jetzt beginnt die zweite Runde, in dieser formulierst du deine Herausforderung allerdings ins Positive, z. B. „Gerade, weil ich Zeitdruck habe, liebe und akzeptiere ich mich so wie ich bin." Mit diesem Satz gehst du nun wieder jeden der Meridianpunkte durch. Nun lässt du deine Augen wieder von oben links nach rechts und umgekehrt kreisen.

Zum Abschluss machst du wieder eine Abfrage von 0-10. Das Ziel ist am Ende bei 0 zu sein oder zumindest stark in der Nähe, sollte das nach der ersten Runde im Positiven noch nicht der Fall sein, wiederholst du die Runde in der positiven Formulierung einfach so lange, bis du am Ziel bist. Ich persönlich liebe diese Methode und konnte sie schon etliche Male erfolgreich bei meinen Kunden und mir selbst anwenden.

Bei meiner Arbeit geht es um das Thema Stressmanagement. Mir ist besonders wichtig, dieses Thema aus verschiedenen Blickwinkeln zu betrachten. Denn in meiner Welt ist das Thema Stress zu behandeln weitaus mehr als mal wieder zu entspannen. Hinter dem Empfinden von Stress steckt so viel mehr als "nur" erschöpft zu sein. Zu diesem Thema gehört es für mich unerlässlich dazu, das Gesamtbild zu betrachten und auch die Ursache, beispielsweise den Auslöser zu finden und zu beseitigen.

Gesunde Stressbewältigung hat für mich auch ganz viel mit Mindset-Arbeit, also mit der Arbeit an unseren Denkweisen, Überzeugungen und Verhaltensmustern zu tun. Aber auch

Themen wie Zeitmanagement, soziales Umfeld und viele weitere sind für mich ein großer Teil meiner Arbeit.

Es ist mir eine Herzensangelegenheit, mit meiner Arbeit vor allem den enorm vielen Führungspersönlichkeiten, die täglich mit dem Thema Stress konfrontiert werden, einen Ausweg aus diesem Hamsterrad des Stresses zu zeigen. Denn ich durfte am eigenen Körper erfahren, dass es definitiv anders geht. Man kann auch trotz sehr hoher Belastung bzw. Anforderung gesund sein und sich voller Energie fühlen. Es kommt einfach nur darauf an, die Balance zwischen Anspannung und Entspannung für sich zu finden. Ich wünsche mir aus tiefstem Herzen für dich, dass du genau das in Zukunft für dich definieren kannst. Dass du dich mit anderen Augen siehst und dir Anerkennung und Wertschätzung schenkst, und erkennst, dass du alles, was du brauchst, bereits in dir hast. Folge deinem Herzen und genieße dein Leben, denn dieses hast du nur einmal.

Alles Liebe,

Jessica Hofmann

Mentorin für Stressmanagement

Kapitel 11 von Claudia März

So sprengst du deine Sichtbarkeits-Blockaden

Ich sitze hier bei strahlendem Sonnenschein, die Vögel zwitschern um mich herum und alles riecht nach Erwachen, nach Frühling. Einfach herrlich. Ich habe lange hin und her überlegt, um was es in meinem Kapitel gehen soll, was ich schreiben möchte oder ja, was ich auch preisgeben möchte von mir und meinem Weg in die Sichtbarkeit. Von meinen Blockaden, die ich lösen durfte und den Blockaden, die ich immer noch lösen darf!

Ja, auch du hast Blockaden. Du nennst, fühlst, spürst sie vielleicht anders. Da gibt es die Schüchternheit, das Sich-ja-nicht-aufdrängen-wollen, ja nicht auffallen wollen. Die Sicherheit, warum soll ich was verändern, was Neues ausprobieren; hier wo ich jetzt stehe, geht es mir doch eigentlich gut und ich fühle mich gut. Oder die Angst davor, was die Familie, die Freunde und die Nachbarschaft sagen könnte, vielleicht auch lästern könnte. Es gibt diesen einen Spruch der mir immer wieder im Leben begegnet und ich der Ansicht bin, dass er zum Thema Blockaden lösen, egal welche, sehr passend ist. „Ist der Ruf erst mal ruiniert, lebt es sich völlig ungeniert." Ja es geht nicht darum, deinen Ruf zu ruinieren, aber es geht darum, für das zu stehen, was du wirklich willst. Deine Blockaden loszulassen.

Was sind eigentlich Blockaden? Blockaden sind Sätze, Sprüche, Taten und Erlebnisse, die in dir (in deinem Thalamus) zu bestimmten Themen eingespeichert sind und immer und immer wieder zu bestimmten Themen oder in bestimmten Situationen hochkommen. Die dich davon abhalten, etwas zu tun, dich einfach zurückhalten, um zum Beispiel in die Sichtbarkeit zu kommen. Die meisten Blockaden (Glaubenssätze) davon sind aus deiner Kindheit in dir gespeichert. Du hast diese von deinen Eltern, von deinem Umfeld, im Kindergarten und auch in der Schule aufgesaugt wie ein Schwamm. Um diese Glaubenssätze zu finden, zu verändern, aufzulösen und zu sprengen, braucht es in der Regel nur das Wissen „WIE" dazu. Und ja, zu manchen Themen bestimmt auch Unterstützung von außen. Und hier beginnt meine Geschichte, in der Kürze, und warum ich dafür brenne, andere dabei zu unterstützen, in die Sichtbarkeit zu kommen.

An Aura und Ausstrahlung hat es mir nie gefehlt. Allerdings ganz gewaltig an Selbstvertrauen und Mut. Sobald ich angesprochen oder etwas gefragt wurde, lief ich rot an. Und wenn ich rot sage, meine ich echt Feuerrot. Mein ganzes Gesicht samt Dekolleté stand in „Flammen". Genau dieser Mangel an Selbstvertrauen war einer meiner größten Blockaden, und natürlich das Rotwerden, denn damit wurde ich als Kind und in meiner Jugend aufgezogen und gehänselt. So blieb ich lieber unsichtbar, ja nicht gesehen werden, dann kann sich niemand über mich und meine Röte lustig machen. Ich muss dir natürlich nicht sagen, wie hinderlich ein Rotwerden beim Verkaufen ist. Wer glaubt deinen Worten schon, wenn du Feuerrot beim Erklären bzw. Verkaufen wirst. Auch so ein blöder Glaubenssatz, eine blöde Blockade von mir. Ja und dann kamen meine ersten Coachings. Ich lernte Blockaden kennen und auch hinderliche Glaubenssätze. Ich fing an, an mir und meinen Glaubenssätzen zu arbeiten, sie zu drehen und zu verändern. Ich bin bestimmt noch nicht fertig damit, aber schon einen großen weiten Weg gegangen. Heute werde ich nicht mehr allzu schnell rot, und wenn, dann lass ich mich dadurch nicht aus dem Konzept bringen. Ich bin sichtbar, ich zeige mich, ich mache Werbung für mich und andere Herzensmenschen und zeige mich mit Bild, Video und auch live. Wenn ich das geschafft habe, kannst du das auch.

Hier eine der einfachen und sehr effektiven Möglichkeiten für dich, deine Blockaden / Glaubenssätze zu finden. Denn wenn du diese kennst, dann und nur dann kannst du etwas verändern. Dann kannst du sichtbar im Privatem, im Beruf und im Business werden. Nimm dir ein Blatt Papier oder ein kleines Büchlein und einen Stift zur Hand. Setze dich hin, atme tief ein und aus und schreibe einfach drauf los, was dir so für negative Glaubenssätze einfallen, mit denen du dich immer und immer wieder selber konfrontierst. Die dich davon abhalten, ins TUN zu kommen.

Zum Thema Sichtbarkeit könnten dir folgende Sätze im Wege stehen:

Ich kann das nicht.

Ich bin nicht gut genug.

Was, wenn mich andere auslachen?

Das will bestimmt keiner sehen.

Was, wenn dazu nur blöde Kommentare kommen.

Liken wird das bestimmt niemand.

Ich bin noch nicht so weit......

Diese Sätze formulierst du nun ins Positive um:

Ich kann alles schaffen, was ich will!

Ich bin gut, ich bin sooo gut!

Alle finden mich und mein Auftreten genial!

Jeder Post von mir verkauft!

Jeder Kommentar bringt mich weiter!

Jeder Post wird von vielen Menschen gelesen!

Ich bin die Beste!

Und immer, wenn in dir ein negativer Glaubenssatz hochkommt, ergänze diesen auf deinem Blatt oder im Büchlein und drehe diesen gleich ins Positive. Du kannst dir diese positiven Glaubenssätze an den Spiegel pinnen, in den Geldbeutel kleben oder auch aufsprechen und immer wieder und wieder anhören. (Ich habe mir auch schon den einen oder anderen Satz mit Lippenstift an den Spiegel geschrieben.)

Und wenn sich trotzdem mal ein alter, negativer Glaubenssatz hoch schummelt, sag einfach Stoppp!!! Dreh ihn gleich und forme diesen in deinen positiven Glaubenssatz um. Du wirst sehen, das ist magisch, so löst du deine Blockaden mit Schrift und Wort!

Natürlich gibt es da noch viele andere wunderbare, magische und energetische Möglichkeiten, mit denen du die Fesseln der Blockaden sprengen kannst.

Kapitel 12 von Rosi Höß

BLOCK -> ADE!

Wir schreiben ein 'Blockaden-Löser'-Buch hieß es ... völlig klar für mich - da bin ich natürlich mit dabei ... ich steh ja dauernd vor Blockaden und es ist mir jedes Mal wieder aufs Neue ein Rätsel, wie ich sie schlussendlich wegsprenge!

Denn mal so ganz unter uns, ich bin eigentlich der Erbauer von Blockaden und hab überhaupt keine Ahnung, wie man sie durchbricht! ;) Daher dacht ich mir ... bevor sich hier noch ne Schreibblockade breit macht, tippe ich einfach mal drauf los. Ich beginne gleich direkt mit dem Wort 'Blockade' - hab es quasi aufgeschlüsselt ... es bedeutet wohl 'Block' - 'ade' - im Sinne einer Mauer ... etwas Unüberwindbares, welches einem den Weg versperrt, doch schließlich schafft man es, diese Barrikade zu überwinden, sagt 'tschüss' und ist um mindestens eine Erfahrung reicher, oder wie siehst du das?

Irgendwie muss ich da gleich schmunzeln ... ich liebe es ja, mit Worten zu spielen, zu jonglieren, dies hat sich zu einer wundervollen Leidenschaft entwickelt und wohl zu meinem größten Selbst-Blockaden-Löser ever. Ich muss schon wieder schmunzeln, weil es mir gerade jetzt nochmal so richtig bewusst wird - ich schreib mir tatsächlich meine Blockaden von der Seele ... nicht einfach so, nein - meine Gedanken werden zur Poesie ... auf diese Weise entstehen ganz viele meiner Gedichte. Es ist ein Verarbeiten aus Erlebtem, Ausdruck meiner Freude, Spaß, als auch Ängste, Hoffnung, Zuversicht und vor allem Dankbarkeit finden in meinen Versen Platz.

Noch vor gar nicht so langer Zeit hätte ich im Leben nicht gedacht, dass ich von einem Tag auf den anderen Gedichte schreibe ... und schon überhaupt nicht, dass diese in mehreren Büchern erscheinen werden. Ja für den ein oder anderen Familiengeburtstag hab ich schon mal gerne gereimt, doch das war nicht vergleichbar. Im November 2020 - ich befand mich grade wieder mitten in einem Persönlichkeitsentwicklungs-Seminar - machte es plötzlich klick: so von einer Sekunde auf die andere 'musste' ich mein erstes persönliches Gedicht bzw. die Sätze, die in meinen Geist flossen, aufschreiben ... ich kann das gar nicht erklären, denn genau dieses verrückte Gefühl hab ich seither nun immer wieder und jedes Mal fühlt es sich wie eine kleine Geburt an. Was das mit Blockaden lösen zu tun hat, fragst du dich? Tja, ich kann es wohl auch nicht wirklich erklären, ich weiß nur, dass all diese Emotionen, welche ich in Worte fasse, nach draußen wollen. Ich habe gelernt, diesem inneren Gefühl zu folgen, zu vertrauen ... meinen Impulsen nachzugehen, es einfach 'fließen zu lassen', niederzuschreiben und schließlich selbstbewusst nach außen zu tragen.

Dies wirkt jedes Mal befreiend, beflügelnd, erlösend zugleich - eben fast wie eine Geburt - ich weiß, ich wiederhole mich ... doch ein ganz persönlicher Teil von mir, welchen ich schon lange in mir trage, erblickt in so einem Moment das Licht der Welt ... gut, vielleicht nicht ganz so kitschig, aber irgendwie gefällt mir der Vergleich. Ich möchte dich nun auf eine kleine Reise in meine bunte Welt der 'MakeupPoesie' mitnehmen und dir mit meinen ausgewählten Gedichten Mut machen, deinen Weg zu gehen, deine Geschichte neu zu schreiben, dir zu vertrauen. Alles ist in stetiger Veränderung, die Frage ist nur, ob wir stehenbleiben, oder uns weiterentwickeln, denn genau hier liegt meiner Meinung nach jeder Hammer, der deine Barrikaden zum Fallen bringt - es liegt also wiedermal in deiner Hand, ob und wie du dem 'Block' -> 'ade' sagst! In diesem Sinne, viel Freude mit meinem intuitiv zusammengestellten Potpourri für dich - mögen meine Zeilen der Funke sein, der dein Feuer wieder entfacht, damit du jeder Blockade mutig entgegentrittst und sie mit Leichtigkeit löst.

****

Wunden von früher

Ab und an zeigen sie sich, ungebeten überrumpeln sie mich. Beuteln meine Seele hin und her, innezuhalten fällt dann meist schwer.

Wunden von früher - wer kennt sie nicht? Sie treffen mich hart - wie ein Schlag ins Gesicht.

Sind auch die meisten schon lange verheilt, manches noch tief in mir drinnen verweilt.

Und plötzlich, von einem auf den andern Moment, kommt alles hoch und es schmerzt und es brennt.

Wunden von früher - holen mich ein. Ja, ich lasse sie kommen, dies soll wohl so sein.

Stelle mich ihnen und hör auf zu verdrängen. Sie finden ohnehin ihren Weg und ich lass mich ungern einengen.

Ich will sie heilen, nehm mir dir Zeit. Schaue nach vorne, scheint die Lichtung auch weit.

Wunden von früher - wir alle haben sie im Herzen drin', doch in ihnen hängen zu bleiben entzieht sich mir jeglichem Sinn!

Ja sie dürfen sich zeigen so ab und zu, ich geb ihnen Raum, sie gehören mit dazu.

All das bin ich mit meinen Kanten und Ecken. All das bin ich, keine Lust mehr, mich zu verstecken.

In Wunden sind immer auch Wunder drin, meist nicht auf den ersten Blick, doch ich schau ganz genau hin!

Welche Wunden von früher dürfen meine Wunder von morgen sein? Bestimmt kenn ich meine Antwort, horch ganz tief in mich hinein.

Wunden von früher - voller Schmerz und gleichsam Inspiration für mich.

Sie sind meine Wegweiser und Wachrüttler auf dem Weg zu meinem 'Ich'.

****

Alles auf Anfang

Mutlos, kraftlos, ausgebremst und leer. Ich fühle so, als wär alles nur schwer.

Kein Vorwärtskommen, Sinnlosigkeit. Tief sitzende Punkte voller Verletzbarkeit.

Alles auf Anfang, doch wo genau ist der Beginn? Was lasse ich hinter mir, was zu tun macht wirklich Sinn?

Und wer überschreitet stets meine Grenzen? Will mich lösen, doch geht dies ohne verletzen?

Wieviel Übergriffigkeiten lasse ich zu? Erzähle mir, das ist halt so, gehört schon irgendwie dazu!

Ich sage STOPP - meine Seele hat Hunger nach Frieden und offenen Ohren. Sie wurde nicht als Ablageplatz für Negativität auserkoren.

Mein Herz spricht ganz laut, so geht's nicht mehr weiter! Es wehrt sich, ist traurig und will nicht mehr scheitern!

Ganz von vorne fang ich an, ja - es schreit nach Neuanfang!

Alle Einstellungen auf Reset. Mit vollem Elan morgens aus dem Bett.

Nicht bloß ein Vorsatz und dann bleib ich wieder hängen. Nein, ich schwinge jetzt anders - in noch höheren Energien mit neuen Klängen.

Meine Herzensmusik spielt schon lange dies Lied, doch hielt ich's ganz leise, wo doch im Außen grad so viel geschieht.

Ich bin ein Licht und spreng die Ketten der Vergangenheit! Leuchtest du mit mir oder versinkst du auch in dieser Ausweglosigkeit?

Ja, ausweglos, so scheint es, doch endlich macht's 'Klick'! Ich geh durch all die Blockaden und schau nicht mehr zurück.

Jeder Tag ein neuer Schritt! Lass uns zusammen leuchten, komm mit mir mit!

Ein Leuchtturm ist auch so Einigem ausgesetzt, ob Stürme oder Gewitter toben, von seinem Leuchten ist er stets umwoben.

Du siehst ihn und meist steht er allein, er ist berufen voraus zu strahlen - Seine leuchtende Präsenz kann dir noch großer Beitrag sein.

Alles auf Anfang - ich bin ein Licht! Klingt das auch irgendwie noch ein bisschen fremd für mich!

Denn schließlich hab ich nur dieses eine wunderbare Leben, bin beschenkt mit so Vielem und ich liebe es, zu geben.

Doch ich wähle in Zukunft noch mehr mit Bedacht WAS und WER mich erfüllt und mich glücklich macht!

****

Sonnen-Heilung

Ich spüre die Wärme tief in mir, sie ist Heilung und ich weiß jetzt und hier, dass ich dieses warme Strahlen stets bei mir habe - Es ist wie ein Anker, eine besondere Gabe.

Innehalten und dankbar sein, zulassen, annehmen und schließlich verzeih'n. Die Sonne kommt raus, die Wolken verschwinden. Es zieht mich hinaus, um mich wieder zu finden.

All das ist im Herzen von uns allen, oft sehen wir sie nur nicht - unsere vielen Wahlen, welche wir täglich zu treffen verantwortlich sind, denn nichts läuft schneller als die Zeit, sie läuft so geschwind!

Und schon ist ein Tag vorüber, was hast du heute gemacht, wie dich verhalten, fragst du dich immer wieder, grade wenn es anders kam, als gedacht. Du dich erneut gequält hast durch eine schlaflose Nacht, weil du etwas gesagt oder vielleicht auch getan, jemand anderem Kummer oder Ärger bereitet.

Und gerade deshalb kommt's drauf an, dein Strahlen, dein Leuchten wieder aufzuwecken, all die liebevollen Möglichkeiten zu entdecken, einander nicht unnötig wehzutun, sondern herzverbunden gemeinsam in der Sonne Zauber zu ruh'n.

Ich schließe die Augen und lass allen Groll von mir gehen, die Zeit ist zu kostbar, um auf solch Empfindungen zu bestehen.

Betanke mich mit Mutter Natur, einatmen ... ausatmen ... gefühlt eine Herzenskur, welche uns allen wohl bekäme, nur eine von vielen Möglichkeiten, die ich hier erwähne.

Was tut deiner Seele gut? Ja, dies zuzulassen, braucht schon mal ein wenig Mut, doch lohnt es sich immer, auf dein Innerstes zu hören, niemand sonst kann dich besser lehren, deinen eigenen Weg einzuschlagen und immer wieder neue Wunder einzuladen.

Die Sonne kommt raus, die Wolken verschwinden, es zieht mich hinaus, um mich wiederzufinden.

****

Nur um mich

Manchmal geht es nur um mich, du verstehst das sicherlich. Mag dies auch egoistisch klingen, ich nehm mir Zeit, lasse meine Energien ganz hoch schwingen.

Das 'Draußen' ist meist so wild und laut, wie oft hat mir das schon Momente verbaut. Weil ich mich dem so hingegeben, dabei auf mich vergessen, auf mein Leben.

Bestimmt kennst du diese Gefühle auch, du fühlst dich nicht gut, es grummelt im Bauch. Und ja es ist so was Ähnliches wie Hunger, was du da spürst, die Lust aufs lebendig sein, wo du dich ganz im Jetzt verlierst.

Manchmal geht es nur um mich, du erkennst schon den Fehler sicherlich, denn das ICH darf 'jeden Tag' an erster Stelle stehen, nur so kann ich was bewegen, kann kraftvoll weiter gehen.

Selbstfürsorge, welch großes Wort, doch es trifft die Nadel auf den Kopf, wo auch immer du bist, egal an welchem Ort.

Also lasst uns mehr um uns selber gut kümmern, weil fantastische Kräfte in uns schlummern, die sonst ganz in Vergessenheit geraten, und wir nicht erstrahlen in all unseren Taten.

****

Auf der Suche

Auf der Suche bin ich grad, nach einer Antwort, einem Rat. Der mir das Finden leichter macht, weil der Verstand sich mit meinem Herzen verkracht.

Doch muss es überhaupt die eine Lösung sein? Vielleicht öffnen sich meine Knoten ja von ganz allein? Immer wieder spukt's mir durch den Sinn, wo geh ich denn als nächstes hin?

Manchmal wär's doch wirklich fein, wie das Kochen nach Rezept, doch nein! Auch hier wird bei mir improvisiert, dass kein Gericht an Besonderheit verliert. Nun also wieder das 'alte Lied', ich darf spielen und wählen wonach mir beliebt.

Entscheidungen treffen, ach Gott ist das manchmal schwer. Das Herz so voll und der Kopf gefühlt wie leer. Auf der Suche bin ich oder besser gesagt - auf meinem Weg. - Nur ich - niemand sonst, der mir im Wege steht.

****

Kreuzung

Ich steh an einer Kreuzung und weiß nicht - 'wo geh ich hin'? So viele tanzende Gedanken und es stellt sich mir die Frage, 'WONACH steht MIR denn eigentlich der Sinn'?

Was ist falsch und was ist richtig? Was tu ich als Nächstes, was ist besonders wichtig? Der Weg, wie ich ihn bisher ging, war von durchwachsen bis ganz wunderbar und doch schreit's nach 'nem Neubeginn!

An einer Kreuzung steh ich nun, mein Geist kommt einfach nicht zum 'Ruh'n! Liebes Herz, wohin trägst Du mich, welche neuen Türen öffnen sich? Ich fühle Schwere tief in mir, wie darf es weiter gehen, was rätst Du mir?

Ja - Kreuzungen haben durchaus Sinn, denn ich kann wählen, dies zu erkennen - ist bereits mein Gewinn! Und darum geht's: 'Was wähle ich'? Alles passiert FÜR - niemals GEGEN mich!

Also mein Herz, leite mich an, damit ich den richtigen Pfad nehme sodann. Zuversicht sei mein beruhigender Begleiter. Liebe und Dankbarkeit meine leuchtenden Wegbereiter.

So geh ich voran, sind auch längst nicht alle Fragen geklärt. Denn nichts ist lähmender, als dass 'man' sich seine Schritte selbst unnötig erschwert. Ich steh an einer Kreuzung und bleibe im Vertrauen. Hör' auf mein Herz - mit der Gewissheit, darauf kann ich immer bauen.

****

In Bewegung

Bleib in Bewegung. Bleib nicht stehen. Hör nicht auf, deine Schritte zu gehen. Deine Ziele zu verfolgen. Deinen Weg mit Erfahrungen zu vergolden.

In Bewegung bleiben. Dir Neues einverleiben. Wachse und entwickle dich weiter, zeigt sich dein Pfad auch mal nicht so heiter.

Die Sonne führt dich strahlend an, gib nicht auf, bleib stetig dran. Doch verlier dich nicht in einem Drang, geh in Leichtigkeit, ohne Zwang.

Du selbst bestimmst die Geschwindigkeit. Betanke dich mit Dankbarkeit. Bleib in Bewegung. Bleib nicht stehen. Hör nicht auf, deine Schritte zu gehen.

****

Verlieb Dich!

Verlieb dich wieder in dich selbst! Es ist nicht nötig, dass du dich quälst! Du ständig zu kritisch mit dir bist, und so oft schlecht über dich sprichst!

Du bist perfekt in all deinem Sein, niemand sonst kennt deine Wahrheit, niemand sieht in dich hinein. Was du alles schon bis hierher geschafft, nur du bist diesen Weg gegangen ganz aus eigener Kraft!

Werde dein größter Fan! Du bist wunderschön - dies erkenn! Es gibt dich nur ein einziges Mal hier auf Erden. Sei dir gut und lass deine Wunden heile werden. Verlieb dich wieder in dich selbst, es ist an der Zeit, dass du die LIEBE ZU DIR und FÜR DICH wieder wählst.

****

Sei wild!

Sei wild und frech und wunderbar! Ein Kalenderspruch oder doch auch wahr? Erlaubst du dir all das zu sein, oder mischt sich dein Verstand gleich wieder ein?

Um dich zu bremsen, denn das geht ja nicht. Schön in der Spur bleiben heißt's, anstelle von - 'Folg Deinem Licht!' Ja, so ticken wir Menschen wohl vermehrt. Nicht auffallen, nicht aus der Reihe tanzen, weil dies ja am Ende vielleicht jemanden stört.

Auch ich kann hiervon ein Liedchen singen, weit über die Lande würd's erklingen. Doch lerne ich stetig für mich zu gehen. Um so all die Wunder in mir zu sehen.

Sie zu erkennen, zu bejahen, sie anzunehmen. Einfach wild drauf los und mich nicht mehr grundlos lähmen. Lass deine Mauern fallen, sei wild und frech, es darf auch mal knallen.

Denn tief in uns sind wir alle wild und frech und wunderbar - Vertraue dir, nur du allein machst diesen Kalenderspruch für dich wahr!

****

Wind der Veränderung

Transformation liegt in der Luft, ja, Veränderung, die nach mir ruft. Ganz stürmisch mischt sie alles auf, wildes Brodeln nimmt seinen Lauf.

Wind der Veränderung, so nenn' ich Dich! Frech und ungestüm - Dein Treiben um mich! Nimm all meine Sorgen, meine Ängste mit Dir, wandle sie in Mut, denn den brauche ich hier! Neue Zeiten brechen an, stürmisch treibst Du mich voran.

Wind der Veränderung, hol auch die Sonne herbei! Du gibst mir Kraft, ich fühl mich frei! Transformation - oder nenne es - 'LEBEN'! Gib Dich hin dem Wind, er lehrt Dich loszulassen, um abzuheben!

****

H.E.R.Z.W.Ä.R.T.S

Herzwärts - meine Gedanken gehen - Herzwärts - neue Bilder entstehen. Herz wie wär's nur ohne Dich? Herz, bestimmt ganz ohne Licht.

Herzwärts - meine Inspiration mich trägt. Herzwärts - der Verstand es oft nicht versteht. Herz - ich lass mich von Dir leiten. Herz - wirst mir in Liebe den Weg bereiten.

Herzwärts - so geh ich voran. Herzwärts - alles fließt und ich kann mit der Liebe erschaffen und mir, sowie anderen - damit große Freude machen.

****

Wünsche für Dich

Ich wünschte, du könntest dich durch meine Augen sehen und würdest meine Worte mit deinem Herzen verstehen.

Ich wünschte, du könntest deine Schönheit erkennen und würdest aufhören, vor dir wegzurennen.

Ich wünschte, mein Empfinden käme bei dir an ... spürtest dich wieder als 'ganze Frau' und nicht mehr als 'halber Mann'.

Ich wünschte, du entdecktest die Liebe zu dir und dass du aufwachst und lebst, denn dafür bist du doch hier!

Ich wünschte, diese Zeilen zaubern dir deinen Schlüsselmoment und du fühlst, wofür dein Herz tatsächlich brennt!

Ich wünsche dir, dass du zur Blockadensprengerin - zum Blockadensprenger wirst - Du niemals deine Träume, Ziele und somit DICH selbst - aus den Augen verlierst!

****

Zum Schluss noch ein paar persönliche Worte:

Blockaden sind hier, um gelöst zu werden. Klar geht das vielleicht nicht immer gleich über Nacht - aber was, wenn doch? Für mich ist es heilsam, mir alles von der Seele zu schreiben ... daraus entsteht meine Poesie und andererseits - durfte und darf ich mich durch meine wunderbare Tochter immer wieder mal diversen Blockaden stellen und sie im besten Fall lösen. Sie ist meine größte Motivation, meine Lehrmeisterin und Kritikerin, mein Geschenk! Ihr möchte ich nun mein letztes Gedicht in diesem wundervollen Buch widmen und wünsche dir viel Freude damit!

****

WISSE

Wisse, Du bist nicht allein.

Wisse, Liebe wird Dein Begleiter sein.

Wisse, Du bist all die Macht, welche Wunderschönes hier entfacht.

Wisse, Friede wird Dich sanft umgeben. Lässt Dich zuversichtlich leben.

Wisse, Du bist wunderschön. Lerne, mit Deinem Herzen zu sehen.

Wisse, Du bist bereits perfekt, auch wenn Dich dieses Wissen schreckt. Lass es zu und vertrau darauf, so nimmt alles in Ruhe seinen Lauf.

****

Danke, dass du meinen Zeilen ein neues Zuhause geschenkt hast. Bis bald und strahlende Grüße!

Rosi Höß - MakeupPoesie

Kapitel 13 von Hannah Lipinski

Wie du dich von unnötigem Ballast befreist – emotional und körperlich

Trägst du vielleicht unnötigen Ballast in Form von Körpergewicht mit dir herum und greifst immer wieder zu Süßigkeiten oder fettigem Essen, wenn du emotional unausgeglichen bist oder dich ungeliebt fühlst? Ich kenne diese Thematik nur zu gut und möchte dich gerne an meiner Geschichte teilhaben lassen.

Als kleines Kind war ich sehr schlank. Meine Mutter meint, dass alles begann, als ich mein erstes Taschengeld bekam. Nicht weit von uns entfernt gab es einen Gasthof, wo ich zu Fuß hinlaufen konnte und mir ständig Süßigkeiten kaufte. Heute weiß ich, dass das Essen für mich ein Liebesersatz war und ich mich gleichzeitig hinter einer Art Schutzmauer verstecken wollte.

Mein Vater war Alkoholiker und meine Mutter nicht in der Lage, mir richtig ihre Liebe zu zeigen oder zu geben. Deswegen versuchte ich, mir ein dickes Fell zuzulegen. Während meiner Pubertät wurde es immer schlimmer. Mein Stiefvater fing an, mich auf eine sehr massive Weise psychisch zu misshandeln. Immer wenn er mittags von der Arbeit kam, hatte er seinen Höhepunkt, was seinen Alkoholpegel anging. Ich war der Sündenbock für all seine Frustration. Er hörte nicht auf, mich zu erniedrigen und kleinzumachen. Egal, was ich tat, ich war nie richtig. Manchmal schickte mich meine Mutter, kurz bevor er nach Hause kam, weg, um mich vor ihm zu schützen, an anderen Tagen haute ich einfach ab.

So wurde ich immer dicker und dicker. Jedes Mal, wenn ich an den Kühlschrank ging und meine Eltern es mitbekamen, hörte ich Sätze wie: „Musst du schon wieder essen? Bist du nicht schon dick genug? Willst du nicht mal abnehmen? Du kannst auch gar nichts!" Auch Verwandte und Bekannte redeten hinter vorgehaltener Hand über mich. Was allerdings niemand tat, war mich auf irgendeine Art und Weise positiv zu unterstützen.

Mit der Zeit fing ich an, heimlich zu essen, da es mir sehr unangenehm war, wenn mir jemand dabei zusah und weil ich es vermeiden wollte, dass man mich darauf ansprach. Gleichzeitig versuchte ich, durch die Klamotten, die ich trug, mich so gut wie es ging zu verstecken. Ich fühlte mich total unwohl, unattraktiv, ungeliebt, klein und bedeutungslos und fühlte mich als Opfer. Und so geriet ich auch immer wieder an Jungs und Männer, die mich ausnutzten, erniedrigten, betrogen, schlugen und psychisch misshandelten. Das kam ja nicht von ungefähr. Die besten Vorbilder dafür hatte ich zu Hause – sowohl auf männlicher als auch weiblicher Seite. Meine Mutter, die sich nie gegen meinen Vater gewehrt oder sich für uns eingesetzt hat, lebte es mir vor.

In meinen Beziehungen, wovon die, die ich mit 17 Jahren einging, wohl die schlimmste von allen war, lebte ich genau das, was ich von daheim kannte. Mir ging es emotional sehr schlecht und trotzdem kam ich nicht aus dieser toxischen Beziehung mit meinem damaligen Partner, von dem ich emotional abhängig war, raus. Ich hatte Angst vor diesem Mann, genauso wie vor meinem Vater. Am Ende war Ich richtig dick und wog bei einer Körpergröße von 1,64 Metern stolze 84 Kilogramm.

Mit 19 Jahren zog ich von zu Hause aus und nahm mir eine kleine 1,5-Zimmer- Wohnung. Das war schon mal der erste Schritt raus aus meinem familiären Umfeld und weg von den Erniedrigungen meines Vaters, denen ich schutzlos ausgeliefert war. Bis zu meinem Auszug musste ich mir mit meinem 6 Jahre jüngeren Bruder ein Zimmer teilen, der irgendwann ebenfalls anfing, mich zu mobben – genauso wie mein Stiefvater. Sein Spitzname für mich war Big Mac. Ich hatte nie einen Rückzugsort, weil wir gemeinsam in einem Zimmer lebten. Daher war ich unendlich dankbar, als sich mir mit Beginn meiner Lehre die Gelegenheit bot, von zu Hause auszuziehen – mit etwas finanzieller Unterstützung meiner Eltern.

Dadurch, dass ich nun alleine wohnte und ein paar gute Freunde hatte, die mich schätzten, veränderte sich mein Bewusstsein und somit auch mein gesamtes Leben. Nach viel Leid und Schmerz in meiner Beziehung, die ich bis zu diesem Zeitpunkt führte, schaffte ich es endlich, mich zu befreien und stark zu bleiben. Damals war ich etwa 20 Jahre alt. Ich fühlte mich so befreit wie noch nie. Ich hatte endlich meine eigene Wohnung und niemanden mehr an meiner Seite, der mich wie den letzten Dreck behandelte. Mein Selbstbewusstsein wuchs dadurch enorm.

Mir schoss es durch den Kopf, dass ich mich attraktiver fühlen wollte. Ich verspürte den Wunsch, schlanker zu sein und mich in meinem Körper wohlzufühlen. Von jetzt auf gleich beschloss ich, damit anzufangen, meine Ernährung umzustellen und mich mehr zu bewegen. Jetzt hatte ich auch die Kraft dafür. Mir wurde zu dem Zeitpunkt erst so richtig bewusst, wie viel Kraft und Energie mich mein bisheriges Leben gekostet hatte. Nun war ich dran!

Ich hatte schon die eine oder andere Diät ausprobiert – beispielsweise mit Drinks als Mahlzeitenersatz. So etwas hatte mal eine Freundin meiner Mutter gegeben, die mir natürlich auch damit in den Ohren lag, dass ich abnehmen müsste. Zusätzlich hatte ich diverse Diäten aus Zeitschriften ausprobiert und sogar einen Kurs namens „Schlank werden – schlank bleiben" an der VHS besucht – alles ohne Erfolg. Mein Interesse für Gesundheit und Ernährung begann bereits mit circa 16 Jahren. Damals holte ich meinen Realschulabschluss auf der Berufsfachschule für Gesundheit und Ernährung nach. Das Wissen und das Verständnis hatte ich also bereits dafür, daran lag es nicht.

Es musste bei mir einfach „Klick" machen und das tat es, als ich mich von den Umständen in meinem Leben verabschiedete, die mich die ganze Zeit über blockiert hatten.

Nun fing ich an, weniger und gesünder zu essen. Meiner Schwäche für Süßes, die ich auch heute noch habe, war ich mir wohl bewusst. Ich konnte mir nicht vornehmen, nur eine Reihe Schokolade zu essen oder eine Handvoll Chips und dann aufzuhören, das funktionierte nicht. Also beschloss ich, unter der Woche gar nicht zu naschen und gönnte mir als Nachtisch am Abend lediglich einen kleinen Schokopudding. Gelegentlich ging ich spazieren oder fuhr mit dem Fahrrad.

Ansonsten machte ich gar keinen Sport, das kam erst später dazu. Am Wochenende suchte ich mir immer einen Tag aus, an dem ich essen durfte, was ich wollte. An diesem Tag gab es nichts, was ich nicht gegessen habe. Meistens nahm ich den Sonntag, weil es mir da leichter fiel, direkt am Montag wieder drauf zu achten. So konnte ich mich auf diesen Ausnahmetag freuen und nahm stetig ab. Es war ein tolles Gefühl!

Meine Hosen wurden immer lockerer und ich fühlte mich von Tag zu Tag wohler. Ich bewegte mich ganz anders, wurde selbstbewusster und kam immer mehr aus mir heraus. Menschen, die mich kannten, fingen an, es zu bemerken und sprachen mich darauf an. Ich bekam Komplimente und Anerkennung und meine Ausstrahlung veränderte sich zunehmend. Es machte mir riesigen Spaß, mir immer wieder neue Hosen zu kaufen. Obenrum war ich schon immer schlanker als untenrum, ich habe quasi diese Birnen-Form oder bin wie der umgedrehte Tannenbaum, wie man mir immer so schön sagte.

Als sich dann der erste tagelange Stillstand auf der Waage zeigte, musste ich mich irgendwie zum Durchhalten motivieren. Ich ging immer wieder in dieses Gefühl, was ich bisher schon geschafft hatte, wie ich mich damit fühlte und dass es bald weitergehen würde. Dadurch ging es tatsächlich wieder leichter und nach ein paar Tagen nahm ich auch wieder weiter ab.

Ich erinnere mich noch gut an einen sehr prägnanten Moment. Als ich etwa 10 bis 15 Kilogramm abgenommen hatte, besuchte ich meine Eltern. Ich ging den längeren Weg, der zur Haustür führte, nach oben. Mein Stiefvater saß auf einer Treppenstufe vorm Haus. Er sah mich hochkommen und fing auf halber Strecke an laut zu klatschen und lobte mich für meinen Erfolg. Ich weiß noch, dass ich mich freute und sehr stolz war, obwohl mein Stiefvater nicht gerade der Mensch war, von dem ich das brauchte. Er hatte keinen Anteil an meinem Erfolg. Trotzdem war es für mich ein Moment, wo ich ihm beweisen konnte, dass ich doch etwas kann.

Ich kam allgemein sehr gut mit meiner Ernährungsumstellung klar, denn ich hatte mir nichts verboten, nur achtsam dosiert. Als ich mein Ziel erreicht hatte, das waren 26 Kilo, traf ich beim Einkaufen jemanden, den ich lange nicht gesehen hatte. Ich schaute gerade in der Kühltruhe nach etwas, als ich plötzlich meinen Namen hörte.

„Hannah? Bist du das?" Ich drehte mich um und antwortete: „Ja, ich bin es!" Derjenige meinte, dass er mich fast nicht wiedererkannt hätte und wie toll ich aussehen würde. Solche und ähnliche Situationen erlebte ich öfter. Auch wenn ich heute alte Bilder von mir zeige, glaubt kaum jemand, dass ich das mal war – denn ich habe mich komplett verwandelt, innerlich wie äußerlich.

Es gab und gibt immer mal wieder Situationen in meinem Leben, in denen ich gelegentlich ein paar Kilo zunehme. Dann schaue ich heute achtsam hin – aus ganzheitlicher Sicht. Wo vernachlässige ich gerade meine Selbstfürsorge?

Ich hatte sehr lange mit meiner „Problemzone" zu kämpfen – obenrum sehr dünn, aber viel Hintern und kräftige Oberschenkel. Das hat mich immer sehr belastet.

Durch noch mehr Abnehmen ging es auch nicht weg, nur durchs Aquajoggen, was ich eine ganze Zeit lang gemacht habe, hat sich bedingt etwas getan.

Wo kommen eigentlich diese Ansichten her, wie man auszusehen hat, um attraktiv und sexy zu wirken? Erstens macht es unsere Ausstrahlung und was ist, wenn es keine Ansichten dazu gäbe? Wenn wir keine Werbebilder zu Gesicht bekämen, die uns vorgeben, wie wir auszusehen haben? Schmeiß am besten einfach mal alle Ansichten zu diesem Thema aus deinem System! Es geht darum, wie du dich fühlst! Abnehmen und Selbstliebe liegen sehr nah beieinander.

Bei mir war es so, dass ich mich erst aus meinem familiären Umfeld und einer toxischen Beziehung befreien musste, was mich sehr blockiert hat – zum einen in meiner Selbstliebe und zum anderen beim Abnehmen. In diesem Sinne habe ich in vielerlei Hinsicht Ballast losgelassen.

Wo trägst du vielleicht noch unnötigen Ballast mit dir herum, den du jetzt loslassen darfst? Was blockiert dich in deiner Selbstliebe und beim Abnehmen? Sobald du dich von allem befreist, was dich emotional belastet und deine Schutzmauer einreißt, wirst du ganz automatisch auch einiges an Gewicht verlieren.

Für deinen Weg wünsche ich dir alles Liebe und Gute, Hannah.

KAPITEL 14 VON KARIN PILZ

ERZÄHL EINE GUTE GESCHICHTE

Es war einmal... Fühl mal rein in den Moment... wie reagiert dein Körper, wenn jemand diese Worte spricht? Kannst du es fühlen, wie unvermittelt jede Zelle deines Körpers mit Entspannung reagiert, er es sich gemütlich macht und gleichzeitig sich ein freudiges Gespanntsein einstellt? Mit "Es war einmal" beginnen die schönsten Märchen und entführen uns in eine Welt voller magischer Momente. Sie erzählen von Königen und Prinzessinnen, von Rittern und deren Heldentaten, von Zauberern und Feen und lassen uns eintauchen in eine fantasievolle Welt. Wenn du es auch liebst, gute Geschichten zu hören, dann könnte diese, eine meiner Methoden zur Auflösung von Blockaden und behindernden Glaubenssätzen, dir sehr viel Freude bereiten.

Viele Geschichten begleiten uns ein ganzes Leben lang.

Ich habe schon viele Geschichten gehört.

Wenn Menschen in mein Coaching kommen, erzählen sie mir zuerst ihre Geschichte. Meist nehmen sie meine Dienstleistung in Anspruch, weil sie mit der aktuellen Lebenssituation unzufrieden sind und sich endlich eine bessere Beziehung zu sich selbst und ihrem Partner wünschen, sowie ein Business, das läuft und sie finanziell frei macht. Ich höre mir also zunächst die Geschichten meiner Kunden an, denn jede Geschichte ist einmalig und sehr wertvoll für die gewünschte Lebensveränderung. Meist schreibt bis zu diesem Zeitpunkt allein das Leben ihre Geschichte und oft ist sie geprägt von negativen Erlebnissen und persönlichen Dramen. Es gibt so Vieles, was den Menschen im Leben widerfährt und ihr künftiges Verhalten beeinflusst, was sie zutiefst erschüttert und ihre Gefühle Achterbahn fahren lässt. Ob das Erlebnisse aus der Kindheit sind, durch die sich unbewusste Verhaltensmuster angelegt haben, oder Muster und Vermeidungsstrategien als Erwachsener, Energien aus alten Leben oder sog. Seelenaufträge.

Die gute Nachricht: Es ist an und für sich nicht wichtig, wodurch sie entstanden sind. Wichtig hingegen ist, was sie heute mit dir tun, von was sie dich abhalten und welche ungeliebten Gedanken, Gefühle und Erlebnisse sie dir immer wieder bescheren. Und die super gute Nachricht: Du kannst jederzeit beginnen, deine Geschichte neu zu erzählen! Eine Geschichte, die DU für dein Leben schreibst, nicht das Leben für dich. Du kannst es aktiv in die Hand nehmen, zum Täter für dein freudvolles Leben werden. Raus aus dem Opfermodus und raus aus den Geschichten, die dich in einem Leben und Zustand festhalten, den du nicht mehr möchtest.

Du hast es in der Hand, welche Geschichten du dir erzählst.

So geht's.

Werde dir als erstes bewusst darüber, dass du dir schon die ganze Zeit eine Geschichte erzählst. Unser Kopf ist pausenlos in Aktion, ständig ist er am Bewerten und Checken und orientiert sich an all den Referenzpunkten aus allem, was du bisher schon erlebt hast. Daraus formt er eine Geschichte, die pausenlos im Hintergrund läuft. Es denkt ständig in uns. Rund um die Uhr, 24/7 und die meisten unserer Gedanken dringen niemals in unser Bewusstsein vor, sondern steuern uns aus dem Hinterhalt, vollkommen unbewusst. Und selbst die ein oder andere Geschichte, die es schafft bis ins Bewusstsein vorzudringen, wird dann dort einfach weiter erzählt … so als wäre sie wirklich wahr und noch dazu sehr wichtig. Es kann also ziemlich tricky sein, die eigenen Geschichten zu entlarven. Hingegen ist es für einen außenstehenden, geübten Zuhörer durchaus leicht zu erkennen, wo die Blockaden sitzen bzw. wie der Ausweg daraus möglich ist.

Es gibt jedoch auch recht leicht zu entlarvende Geschichten, das sind meist die mit ganz aktuellen Themen, derer du dir sehr bewusst bist. Sachen, die so intensiv sind, dass du den ganzen Tag den Gedanken nicht loslassen kannst und immer wieder das Gleiche denkst … bis zu einem bestimmten Punkt, an dem du immer wieder hängen bleibst, um dir dann bildlich gesprochen, daran die Zähne auszubeißen. Wenn du also merkst, dass deine Gedanken akut um immer wieder die gleiche Sache kreisen, dann kann dir meine 4-Schritte-Geschichten-Technik sehr helfen, daraus auszusteigen.

Der Kopf ist rund, damit die Gedanken die Richtung ändern können. (In Abwandlung der Aphorismen von Francis Picabia)

Die 4 Schritte in Theorie und Praxis

Zu jedem der 4 Schritte zeige ich dir anhand eines Beispiels, wie das in der Praxis aussehen kann.

Dafür nehmen wir eine Situation an, die du bestimmt auch schon mal irgendwann in deinem Leben erlebt hast: Dein Partner hat dich verlassen, doch du hängst noch sehr an ihm und bist verletzt und verzweifelt. Deine Gedanken drehen sich im Kreis. Du vermisst ihn. Du lässt vor deinem inneren Auge immer wieder die schönen Momente vorbeiziehen und fragst dich, wie du nur ohne ihn leben sollst und ob du ihn vielleicht wieder zurückgewinnen kannst.

1. Nimm die neutrale Beobachterposition ein, sehe das, was ist.

Nimm die Meta-Position zu dir ein und schaue die Situation an, von oben, einfach so wie sie ist. Versuche es so neutral, wie es dir nur möglich ist, zu betrachten. Schau von außen auf dich, auf deine Gedanken und Gefühle und nimm alles einfach nur wahr, vollkommen neutral. Gehe ganz bewusst raus aus dem Automatismus dich zu bewerten und rein in ein wohlwollendes Wahrnehmen. Du kannst zu dir selbst sowas sagen wie „Ah, interessant, was es so denkt und fühlt in dir liebe/r …". Gönne dir ein liebevolles Lächeln und vielleicht kannst du es mit Humor würzen. Sich selbst nicht so ernst zu nehmen, ist an der Stelle eine gute Sache.

So oder ähnlich könnte der Dialog unseres Beispiels aussehen:

Du bist jetzt allein, ohne den gewohnten Menschen in deinem Leben.

Ah ja, das fällt dir noch schwer.

Du weißt, das wird mit der Zeit besser werden.

Du bist traurig und verletzt.

Du leidest, weil du sie/ihn noch vermisst.

Du musst dich neu orientieren, dein Leben läuft jetzt in einigen Bereichen anders.

Ok, das ist unbequem … interessant, dass du das nicht magst (smile) …

Schau dir einfach alles an und verschaffe dir einen Überblick über die Situation.

2. Finde heraus, was dich festhalten lässt.

Schau dir an, was die Dinge sind, die dir schwerfallen loszulassen. Wenn sich deine Gedanken im Kreis drehen, gibt es einen oder mehrere Punkte, an denen du bis eben nicht bereit warst auszusteigen und etwas oder jemanden loszulassen. Schau dir genau an, was ist es, was dich noch festhalten lässt. Du kannst dir auch zusätzlich die Frage stellen: „Was braucht es jetzt für mich, um aus dem Drama auszusteigen?" Diese Frage kannst du auch einfach einige Zeit wirken lassen, ihr Raum geben, ohne aktiv in deinem Kopf nach einer Antwort zu suchen.

So oder ähnlich könnten die Punkte in unserem Beispiel aussehen:

Du magst es so gerne in seinen Armen zu liegen / sie in den Arm zu nehmen.

Du magst den Humor, die Stimme, das Aussehen, was ihr zusammen unternommen habt, das Zusammensein usw.

Du fühlst ohne diesen Menschen dich nicht vollständig und / oder vollwertig.

Du hast Angst, jetzt allein durchs Leben gehen zu müssen...
Sammle alles, was dir einfällt und es dir schwer macht loszulassen.

3. Suche nach den Vorteilen, die diese Situation mit sich bringt.

Auch wenn sich vielleicht hier etwas in dir sträubt und dir auf Anhieb womöglich nicht gleich ganz viel einfällt, du wirst sehen, es werden täglich mehr Sachen werden. „Selten was Schlechtes, ohne was Gutes." Dieses Lebensmotto ist eines, das mich schon viele Jahre begleitet und ich kann mich nicht erinnern, dass ich jemals eine Situation hatte, an der ich überhaupt nichts Positives finden konnte. Das mag im ersten Moment unglaublich oder gar makaber wirken, doch liegt in diesen Worten extrem viel Potential. Erlaube dir herauszufinden, was an deiner konkreten Situation etwas Gutes in sich birgt.

Diese oder ähnliche Fragen könntest du dir in unserem Beispiel stellen:

Was sind die Dinge, die du lange schon machen wolltest?

Welche Menschen willst du gerne treffen?

Auf was hast du in der Beziehung verzichtet?

Was hat dich genervt?

Welche Hobbies oder Eigenheiten haben dir nicht gefallen?

Wo hast du dich zurückgenommen, um deinem Partner zu gefallen oder ihn nicht zu nerven? ...

Zähle alles auf, lasse nichts aus, jeder Punkt hilft!

4. Erzähl dem Universum eine neue Geschichte, als wäre es deine*e beste*r Freund*in.

Jetzt kommt der schönste Teil. Jetzt darfst du eine neue Geschichte erzählen und ganz bewusst alles neu gestalten, so wie du es in Wirklichkeit haben möchtest. Du darfst alles bunt ausmalen, es ist der Raum für „Wünsch dir was". Es ist alles erlaubt, es gibt keine Grenzen, außer zwischen deinen beiden Ohren. Erlaube dir zu träumen, so als ob alles möglich wäre und dann erzähle dir davon, laut, so wie zu einer besten Freundin. Stell dir dazu immer wieder die Frage: „Wie würdest du es haben wollen, wenn du absolut frei wählen könntest?"

Das könnte in unserem Beispiel so aussehen:

Jetzt kannst du hemmungslos aufdrehen und beschreiben wie du dir eine Liebesbeziehung mit deinen Wunschpartner vorstellst. Halte den Fokus dabei nicht auf dem alten Partner, sondern erlaube dir es schöner, besser, toller … einfach großartiger zu machen als alles, was du bisher an Partnerschaften hattest. Mache es so lebendig wie möglich. In Farbe, mit Ton, wie du dich fühlst, wie ihr euch behandelt, was ihr macht, wie euer bestes Miteinander ist.

Gehe so oft wie du möchtest in deine Wunschgeschichte. Es ist gut sie dir einmal zu erzählen, doch je öfter du das tust, desto bessere Chancen hast du, dass ganz viel von dem, was du dir wünschst, auch in Erfüllung geht. So sind Wunder möglich, in alle Richtungen. In unserem Beispiel könnte sich ganz bald ein neuer Traummann zeigen oder sogar der alte Partner in einer neuen Energie wieder ins Spiel kommen. Doch bitte mache es nicht unter einer bestimmten Erwartung. Erwartungen sind Kreationskiller! Sei einfach offen für alles, was kommen möchte! So eröffnest du die Möglichkeit, dass es sogar noch besser kommt, als du es dir vorgestellt hast.

Geschichten sind nicht endgültig. Jedes Mal, wenn du dir die Geschichte neu erzählst, kannst du ergänzen und verändern, was immer du möchtest. Du gibst einfach jedes Mal aufs Neue die Dinge ins Energiefeld, wie du sie haben willst. Mit deiner neuen Geschichte veränderst du den Fokus von dem Negativen auf das Positive, raus aus dem Jammer, dem Mangel und Frust, rein in die Freude, die Fülle und Leichtigkeit. Das erhöht dein Energiefeld und das entscheidet darüber, was du in dein Leben ziehst... das ist das Gesetz der Resonanz, eines der universellen Gesetze.

Du bist die Schöpferin Deines Lebens. Sei dir bewusst, du schöpfst immer, ob bewusst oder unbewusst, ob für oder gegen dich. Am Ende kostet es dich mehr Energie, ein unglückliches als ein glückliches Leben zu führen. Ist das nicht ein tolles Energiesparmodell? Ich wünsche dir ein rundum glückliches Leben und würde mich freuen, wenn meine 4-Schritte-Geschichten-Technik dir bei dem ein oder anderen Thema ein hilfreiches Werkzeug ist.

Denk in Liebe, sei Liebe

Deine   Karin

P.S.

Witzig ist, wenn man beim Schreiben eines Beitrags zum Blockadenlösen eine Schreibblockade hat. Making off und Witz des Tages. Als ich diesen Beitrag schrieb, hatte ich so was wie eine Schreibblockade. Ja, es wollten einfach nicht die richtigen Worte aus meinem Kopf auf das Papier. Als ich das bemerke, habe ich mich erstmal weggeschmissen vor Lachen. Schreibe ich einen Beitrag über Blockaden lösen und erwische mich bei einer

Schreibblockade! Wenn das nicht mal der beste Blockaden-Löser-Witz ist… den werde ich mir merken und meinen Kunden erzählen, wenn sie wieder mal denken „Das kann ich nicht". Doch ich will dir noch verraten, was ich dann gemacht habe… Und zeige dir gleich noch eine weitere, für mich sehr wirkungsvolle Methode, wie hier bei meiner Schreibblockade.

Vor Kurzem hatte ich ein Video über die Methode „Blockaden lösen durch Geschichten erzählen" aufgenommen. Das habe ich mir auf die Ohren gepackt, bin damit ins Fitnessstudio und habe mir es während des Trainings angehört. Das hat mir geholfen, meine Worte im Kopf zu sortieren und meinen roten Faden wiederzufinden. Bewegung ist sehr hilfreich für die Kreativität. Beim Laufen, Sport, Einkaufen, Abwasch oder beim Lümmeln in der Sonne kommen mir die besten Ideen. Oft notiere ich mir die, denn so schnell, wie sie kommen, sind sie manchmal auch schon wieder weg … ob das am Alter liegt?

Nein, keine Angst, wenn dir das auch so geht. Das ist völlig normal!

Wir denken am Tag ca. 60.000 Gedanken. Unser Computer im Oberstübchen wäre total überlastet, würde er sich an jeden Gedanken erinnern wollen.

Deshalb noch ein Tipp von mir: Immer Zettel und Stift in die Tasche oder eine Handy-App für alles, was merkenswert ist.

Kapitel 15 von Carine Weiss

Befreie dich durch Selbstliebe

Wie würde es sich für dich anfühlen, wenn du dich voll und ganz annimmst, so wie du bist? Du jeden Winkel Deines Körpers voll und ganz liebst und als schön, attraktiv und vollkommen empfindest? Wie wäre es, wenn du einfach in dir angekommen bist, voller innerem Frieden und im vollen Wissen, wer du wirklich bist? Stell dir vor, es gibt keine Unsicherheit mehr in deinem Leben, weil du voller Selbstvertrauen und Selbstbewusstsein bist? Stell dir vor, all deine Beziehungsschwierigkeiten lösen sich in Luft auf, weil du weißt, wer du tief in deinem Herzen bist, angekommen in dir und voller Selbstvertrauen… Um diesen Zustand erreichen zu können, braucht es Selbstliebe. Selbstliebe heilt alle Wunden…

Aber erstmal der Reihe nach.

Wir kommen auf die Welt und machen als Seele die Erfahrung, in einem menschlichen Körper zu sein. Wenn wir auf die Erde kommen, gehen wir durch den Schleier des Vergessens und können uns nicht an unsere «Herkunft» erinnern. Per se ist dies schon mal eine krasse Erfahrung, weil unsere Welt lieblos, kalt, frostig und abweisend erscheint. Wir wachsen heran und werden immer wieder in unserem Liebesverständnis erschüttert, zurückgeworfen und enttäuscht. Wir leben in einer Welt, in der die wahre Liebe nur ganz wenige verstanden haben. Wir sind aber hier, um genau diese Erfahrung zu machen, und zurückzukehren zu dieser wahren Liebe, von der wir kommen und die wir durch den Schleier des Vergessens vergessen haben. Sie liegt in deinem Herzen und all deine Erinnerungen schlummern in deinem Unterbewusstsein.

Mit deiner Mutter und deinem Vater machst du die erste Liebeserfahrung. Und diese Liebeserfahrung ist prägend für deine Beziehungen in deinem Leben, sei es in Freundschaften, am Arbeitsplatz oder in Liebesbeziehungen. Wenn du Schwierigkeiten in Liebesbeziehungen und allgemein in Beziehungen erfährst, dann findest du ganz viele Antworten darauf in deiner Kindheit. In der Kindheit entwickeln wir unser Selbstbild, das entscheidet, wie wir die Welt sehen, wie wir auf andere zugehen und wie wir unsere Beziehungen gestalten. Wir entwickeln grundlegende Vorstellungen und Annahmen über Menschen, mit denen wir in Kontakt kommen. In dieser Zeit entwickeln wir auch innere Überzeugungen, wie die Welt ist und was wir erwarten können, ob sie schön oder schrecklich, leicht oder schwierig, liebenswert oder hässlich ist. Basierend auf diesen Vorstellungen interpretieren wir das Verhalten unserer Mitmenschen und schließen daraus, ob jemand uns mag oder ablehnt. Das geht dann soweit, dass wir vieles interpretieren mit dem Blick aus der Brille unserer Kindheit. Wir entscheiden, was wahr und real für uns ist. Egal, ob dies die tatsächliche oder subjektive Wahrheit ist.

Das Verständnis von Liebe entwickeln wir also in der Kindheit basierend darauf, wie wir die Liebe von unseren Eltern oder Bezugspersonen erlebt und erfahren haben. Und diese Erfahrung der Liebe war für die allerwenigsten bedingungslos. Das können sehr schmerzhafte Erinnerungen sein, die wir gerne verdrängen. Eine Ablehnung, ein Geburtstraumata, Abwesenheit einer Bezugsperson, Streit, Trennung oder ein Verlust. Das kann für ein

Kind sehr traumatisch sein und um diesen Schmerz nicht länger erdulden zu müssen, wird er ins Unterbewusstsein verbannt. Hauptsache nichts mehr fühlen. Unser Geist ist sehr gut im Verdrängen, unser Körper jedoch nicht. Er hat diese Erfahrung in den Zellen gespeichert. Was unser Geist jedoch tut, er versucht es irgendwie einzuordnen und speichert diese Kindheitserfahrung in Form von bestimmten Glaubenssätzen ab … «Wenn meine Mama mich ablehnt, dann stimmt etwas nicht mit mir. Ich bin irgendwie nicht liebenswert… ich bin nicht gut genug… ich bin es nicht wert geliebt zu werden.» Und dieser Glaube über dich selbst prägt deine heutigen Beziehungsschwierigkeiten, deren Ursprung in dieser Erfahrung mit deiner Mutter liegt. Genauso verhält es sich mit den Erfahrungen, die du mit deinem Vater oder anderen Bezugspersonen gemacht hast.

Und was hat dies nun mit der Selbstliebe zu tun?

Unglaublich viel… Weil du den Schlüssel in dir trägst, um aus dem Rad der Angst und des Leidens auszutreten. Es braucht lediglich den Mut, sich für die Liebe zu entscheiden. Wenn du diese Zeilen liest, dann bist du bereits auf dem Weg zu deiner wahren Liebe. Es ist kein Zufall, dass du diese Zeilen liest. Der Weg zu deinem geheilten Herzen, damit die Liebe frei fließen kann, führt dich zur Selbstliebe. Alles im Leben, das du dir so sehr wünschst, beginnt mit der Liebe zu dir. Als ich 30 Jahre alt war, fiel mein Leben auseinander. Jobverlust und ein abruptes Beziehungsende zeigten mir auf, dass ich mein Leben nicht im Griff hatte. Und ich erkannte, dass ich mein Leben nicht im Griff hatte, weil ich mich nicht liebte. Das war ein bitterer Moment in meinem Leben.

Mein Leben war geprägt von Mangel an Selbstliebe. Ich lehnte meinen Körper ab, ich lehnte mich ab und fühlte mich so unwohl und unsicher in mir. Ich fühlte mich nicht sicher. Mir fehlte die tiefe Sicherheit, dass ich in Sicherheit war. Ich fühlte mich nicht liebenswert, weil ich nur Konflikte in mein Leben zog. Ich fühlte mich nicht wert genug, eine erfüllte Partnerschaft zu leben. Ich dachte, ich bin der Liebe nicht würdig. Wie im Innen..., so im Außen... Solange ich so über mich und das Leben dachte, zog ich unweigerlich Männer in mein Leben, die mir nicht die erfüllte Partnerschaft geben konnten, die ich mir wünschte. Meine Beziehungen, egal in welchem Lebensbereich, waren geprägt von Konflikten. Als ich das erkannte, machte ich eine 180-Grad-Drehung und konzentrierte mich nur noch auf mich. Jeden einzelnen Tag stellte ich mir die Frage «Was tut mir gut?» Jetzt in diesem Augenblick: «Was brauche ich, um mich wohl, glücklich oder zufrieden zu fühlen?».

Und langsam drehte sich mein Leben. Plötzlich öffneten sich die Tore meines Lebens. Neue Jobangebote flatterten ins Haus, ich lernte neue Menschen kennen, die mich schätzen, so wie ich war, ich lernte Männer kennen, die zu mir passten und baute mir Stück für Stück ein neues wunderbares Leben auf nach meinen Werten und Vorstellungen. Endlich hatte ich den Sinn meines Lebens verstanden. Heute lebe ich mit meiner Familie in Basel und erfreue mich einer tiefen Liebe zu mir selbst, zu meinem Sohn und meinem Mann und dem Leben überhaupt. Das wäre alles nicht möglich gewesen, hätte ich nicht alles auf eine Karte gesetzt: MICH SELBST LIEBEN ZU LERNEN.

Ich bin als hellfühlende Seele auf diese Welt gekommen. Ich fühlte die Emotionen und Energien in Räumen und in meiner Umgebung, was mich als Kind total verunsichert hatte. Ich wusste nicht, wie ich mit diesen Informationen umgehen sollte, geschweige denn war mir bewusst, dass dies nicht alle wahrnehmen konnten. Ich nahm also Dinge wahr, die andere nicht wahrnehmen konnten. Ich wusste nicht, wie ich mich als Kind ausdrücken sollte, in einem Umfeld, das nicht wirklich zuhören wollte oder konnte. Und so verinnerlichte ich diese Emotionen, die nicht zu mir gehörten und speicherte sie als meine eigenen ab. Dass dies mein ganzes Selbstwertgefühl erschüttern wird, war mir nicht bewusst. Erst viele, viele Jahre später, bei der Aufarbeitung meiner Vergangenheit, wurde mir so vieles bewusst… Und dieser Weg führt mich über die Selbstliebe zu meinem geheilten Herzen und dem inneren Frieden, den ich heute leben darf.

Hier ist eine Auflistung, wie du dich durch Selbstliebe befreien lernen kannst. Selbstliebe ist nichts anderes, als dir etwas Gutes tun. Jeden einzelnen Tag gönne dir etwas Schönes, etwas Gutes. Je mehr du dich danach ausrichtest, desto tiefer geht die Reise zu dir selbst und du wirst unweigerlich zu deinem Herzen geführt. Habe den Mut, es zu heilen und bring den Himmel auf Erden zu dir! Frage dich jeden einzelnen Tag: «Was tut mir gut?» Egal, wie die Antwort lautet, folge diesem Impuls und setze ihn um. Durch diese simple und so wirkungsvolle Frage, wirst du dein Leben automatisch nach deinen Wünschen und Bedürfnissen ausrichten. Du wirst dich neu entdecken und deine Komfortzone verlassen. Natürlich wirst du auch unangenehme Gefühle erleben und durch deine Ängste hindurchgehen müssen. Das gehört auf dem Weg zu deiner Selbstliebe dazu.

Gefühle sind hier, um gelebt und gefühlt zu werden. Durch meine Meditationspraxis in Vipassana lernte ich, mit meinen Emotionen zu sitzen. Ich lernte aufzuhören, vor mir selbst wegzurennen. Ich musste lernen, die unangenehmen Gefühle wie Wut, Unsicherheit, Angst, Ärger, Neid oder Streit auszuhalten und durch mich hindurchfließen zu lassen. Get comfortable, being uncomfortable. Stell Dich Deinen Gefühlen und lass sie durch dich hindurchfließen.

Lerne deinen Körper zu lieben. Ich war ein dünnes Mädchen und ich wurde als «Sprenzel» bezeichnet. Und dies hat mein Körpergefühl zerstört. Ich lehnte mich zutiefst ab. Ich lehnte auch meinen Körper ab, weil die Gefühle für mich als hellfühlendes Wesen zu viel waren. Ich spürte jede Emotion bis auf die Zellebene und wollte nur eines… Raus aus meinem Körper und ja nichts mehr fühlen. Und genau dies musste ich wieder erlernen. Ich musste lernen, meinen Körper, meine innere Schönheit und meine Gefühlswelt anzunehmen. Vergiss nie: Du bist eine wunderschöne Seele mit einer Einzigartigkeit, die dir niemand wegnehmen kann, nur du selbst. Hör auf, dich abzuwerten und fang an die Dinge an dir zu lieben, die du wirklich annehmen kannst. Mit der Zeit wirst Du jede Kurve, jeden Makel an dir lieben, weil es ein Teil von dir und deiner Einzigartigkeit ist. Und dein Traummann wird genau diese Einzigartigkeit an dir lieben… Also lerne dich anzunehmen, um die wahre Liebe in dein Leben willkommen zu heißen.

Folge Deiner Intuition. Auf dem Weg zu dir selbst, wirst du automatisch an deine Schwierigkeiten und schwierige Zeiten erinnert. Wiederkehrende Situationen, die dich wütend oder traurig machen, werden dir immer bewusster. Dein Unterbewusstsein beginnt sich zu öffnen und schickt dir Impulse für Themen, die sich schwer und mühsam anfühlen. Hab den Mut, dich diesen Themen zu widmen. Das ist Selbstliebe. Deine Seele wünscht sich inneren Frieden mit dem was war und mit dem was ist. Lies Bücher, Blogartikel oder nimm an Coaching-Programmen teil, um Antworten auf deine Fragen zu finden. Um meine Vergangenheit aufzuarbeiten, holte ich mir ganz viel Hilfe von unterschiedlichen Heilern, Coaches, Heilpraktikern und

Psychotherapeuten. Ich scheute die Investitionen in mich nie. Ich war so neugierig herauszufinden, was nicht mit mir stimmte und wie ich meinen inneren Frieden finden konnte, dass ich verschiedene Therapieformen ausprobierte. Das half nicht nur mir persönlich, sondern hilft mir heute mit meiner eignen Coaching-Praxis sehr. Hab den Mut, in dich zu investieren, um deinen inneren Frieden zu finden. Das ist Selbstliebe.

Auf dem Weg zu meiner Selbstliebe, half mir die geistige Welt. Durch meine Feinfühligkeit spürte ich die geistige Welt sehr nahe, hauptsächlich die Engel, und spürte die unsichtbare Hand, die mich führte. Heute bin ich den Erzengeln, den Einhörnern und den aufgestiegenen Meistern sehr nahe. Auch wenn ich mich sehr oft alleine gefühlt hatte, war ich im Grunde nie alleine. Wir leben in einer Zeit eines tiefgreifenden Bewusstseinswandels und unser Planet verändert sich täglich. Wir erleben eine tiefe Umwandlung unseres Denkens und Fühlens und werden mehr oder weniger sanft, aber sehr bestimmt an unsere Themen geführt, um endlich den Frieden und die Liebe auf die Welt zu bringen, die wir uns als Seelenwesen so sehr wünschen. Lass die Liebe und die Kraft aus dem Universum in dein Feld fließen, öffne dich für ihre Führung, egal ob du an Gott, Buddha, Allah, Jesus, Engel, Schutzengel, Geistführer, Kobolde, Feen, Einhörner, himmlische Drachen oder einfach an eine höhere Macht glaubst. Folge dieser inneren Stimme und wisse stets, dass du nicht alleine bist. Sie wünschen sich nichts sehnlicher, als dich glücklich zu sehen, aber die Schritte dahin musst du gehen und dich wahrhaftig führen lassen.

Lass die Liebe in dein Herz… Der Schlüssel für ein außergewöhnliches Leben liegt in deinem Herzen. Heile dein Herz von alten Wunden und öffne dich für die Liebe. Die Liebe ist bereits in dir und um dich herum. Du musst lediglich die Augen öffnen und die täglichen Wunder empfangen. Die täglichen Wunder zeigen sich, in einer Berührung, in einer neuen Begegnung, in einem Lichtstrahl der Sonne, in einer Blüte einer wunderschönen Blume, in einem Lächeln, in einem Danke, in einer unerwarteten Geste, in einer Einladung, in einem Film, in einer Mahlzeit…. Die Wunder liegen genau vor dir, du musst sie nicht suchen, sondern lediglich die Augen dafür öffnen.

Selbstliebe bedeutet empfangen. Du hast das Glück dieser Erde verdient, nur manchmal haben wir Dinge im Leben erfahren, die uns weh taten und uns dazu verleiten ließen, unser Herz zu verschließen. So können wir nicht mehr geben, noch empfangen. Wir dürfen aber tiefes Vertrauen in uns kultivieren und die Liebe empfangen. Hab den Mut, den Weg freizuräumen, um die Liebe deines Lebens zu erleben. Es ist die Liebe zu dir selbst. Und sind wir in der Liebe zu uns selbst angekommen, werden wir auch die erfüllte Partnerschaft leben können, die wir uns tief in uns wünschen.

Am Schluss deines Lebens zählt nur eines… WIE SEHR HAST DU GELIEBT!

KAPITEL 16 VON EVA-MARIA CHRISTINE BRUCKNER

SICHTBARKEITSBLOCKADEN LÖSEN LEICHT GEMACHT

Ich habe eine Umfrage gemacht, bevor ich dieses Kapitel geschrieben habe. Und ich gebe zu, die Frage war etwas unfair.

Ich wollte wissen, zu welchem Thema meine Follower lieber wissen möchten wie man Blockaden löst:

Zum Thema Sichtbarkeit oder

zum Thema, wie man andere Menschen anspricht.

Die Umfrage ergab eindeutig, dass die meisten die Probleme bezüglich der Sichtbarkeit auf Social Media lösen möchten.

Es kamen dann auch einige Kommentare, dass es ja zwei vollkommen verschiedene Themen sind und es daher wohl auch unterschiedliche Lösungsansätze gibt.

Das ist nicht meine Wahrheit!

Aber es ist tatsächlich die größte Blockade im Business, wenn es darum geht, sichtbar zu werden:

Die Annahme, du müsstest irgendetwas anders machen als im "realen/privaten" Leben!

Jetzt kann es natürlich sein, dass du auch im "echten" Leben Probleme hast, andere Menschen anzusprechen, neue Kontakte zu knüpfen und sowohl privat als auch beruflich neue Menschen in dein Leben zu ziehen, die zu dir passen.

Doch die Wurzel allen Übels liegt in einer gemeinsamen Ursache:

DU BIST NICHT DU SELBST bzw.

DU WEIßT GAR NICHT MEHR, WER DU SELBST BIST UND WAS DU WILLST

In diesem Kapitel möchte ich daher mit dir gemeinsam diese Blockade sprengen.

Wir beginnen gleich am Anfang damit, dass es keinen Unterschied gibt von der Energie und von den grundlegenden Prinzipien her, ob du jetzt jemanden auf der Straße oder einem Event kennenlernst oder online.

Es gibt viele Strategien, viele verschiedene Modelle, wie man online Leads generieren kann, doch letztlich solltest du etwas wählen, das zu dir und deiner Persönlichkeit passt.

Ich liebe es daher, auch die Themen Liebe und Marketing miteinander zu verknüpfen. Die einfachste Möglichkeit, wie du deine beste Lead-Strategie herausfindest, ist - aus meiner Sicht - daher schlicht und einfach zu schauen und einzufühlen, welche Sprache der Liebe du sprichst.

Du weißt, wie du Liebe ausdrückst und wann du dich geliebt fühlst und somit kannst du dann davon ausgehend auch die passende Marketingstrategie finden.

Die 5 Sprachen der Liebe sind:

- Worte der Anerkennung

- Geschenke

- Hilfsbereitschaft

- gemeinsame Zeit

- körperliche Berührung

Von der Sprache der Liebe ausgehend kannst du leicht reinspüren, welche Marketingstrategien zu dir passen.

Reicht das nun, um die Sichtbarkeit-Blockade zu sprengen?

Oft bedarf es noch etwas mehr:

Denn seine Sprache der Liebe zu kennen und nun zu wissen, wie man auf Social Media rausgehen kann, ist eine Sache. Eine andere ist, es auch wirklich zu tun.

Jetzt weißt du zwar, welcher Weg perfekt zu dir passt, doch in vielen Fällen taucht nun die nächste Ausrede auf, warum man z. B. keine Videos drehen kann, kein Event veranstalten usw.

All diese Argumente findest du, weil dein System das einfach nicht kennt. Und alles was es nicht kennt - selbst wenn wir es uns bewusst wünschen und gut finden - lehnt es erstmal ab.

Das ist in Ordnung.

Jetzt hast du schon mal ein Bewusstsein dafür bekommen, dass das ein ganz normaler Vorgang ist. Sämtliche Selbstvorwürfe kannst du damit loslassen.

Somit haben wir Phase 1 abgeschlossen.

Phase 2 ist, dass du dich einfach bewusst nochmals damit auseinandersetzt, warum du das alles machst. Wenn dein

Wunsch, anderen zu helfen, stärker als deine Angst ist, wirst du einen Weg finden, sie zu überwinden.

Phase 3 besteht darin zu erkennen, dem ganzen Thema den Schrecken zu nehmen.

1. Du weißt jetzt, dass es ein ganz normaler Vorgang ist, dass du nervös bist.

2. Du weißt, warum du sichtbar werden willst.

3. Du nimmst dem Ganzen den Schrecken, indem du den Druck rausnimmst und es mit etwas verbindest, was dir Freude macht.

Phase 4 besteht darin, positive Gefühle zu verankern. Das machst du, indem du - nachdem du dich einmal überwunden hast und auf Social Media rausgegangen bist, 1-2 Punkte an deinem Körper suchst, wo du dann ein Glücksgefühl spürst.

Ein kleines Beispiel: Deine Sprache der Liebe sind Geschenke und prinzipiell redest du auch gerne mit anderen Menschen, nur wenn die Kamera angeht oder du live auf z. B. Facebook sprechen sollst, dann rotiert dein System und du machst es einfach nicht.

Dann darfst du:

1. Anerkennen, dass du dieses Muster bei dir bemerkt hast.

2. Dich damit verbinden, warum du viele Menschen erreichen willst. Welchen Impact möchtest du in dieser Welt haben?

3. Dir überlegen, wie dir dieses Video mehr Freude machen kann und was es alles so gibt, was dich beruhigt. Es könnte ein Foto einer Person sein, das du hinter die Kamera hängst, ein Duft, ein Glücksarmband usw.

4. Nach dem Live-Video spürst du rein und stellst fest: 1. Du bist nicht gestorben ;) 2. es war gar nicht so übel. Dann spürst Du in Deinen Körper rein, wie gut es sich anfühlt, etwas, das einem wichtig ist, erledigt zu haben. Wo ist diese Stelle? Finde 1-2 Stellen, leg eine Hand darauf und "halte" dieses Gefühl fest. Nimm Dir Zeit dafür. Und ab jetzt legst du jedes Mal die Hand auf diese Stelle, bevor du live gehst. Du wirst sehen, je öfter du das machst, desto leichter wird es.

Es ist eine einfache, aber effektive und schnelle Lösung:

FINDE DEINE SPRACHE DER LIEBE

TRAINIERE ES UND VERANKERE DAS GEFÜHL

Natürlich gibt es noch weiterführende Tools und Möglichkeiten. Sehr zu empfehlen sind natürlich Hypnosen, aber auch die aktive Auseinandersetzung mit dir selbst über Tools wie z. B. Human Design, Gene Keys und Astro ...

Es gibt so viele Wege, wie du dich selbst besser kennenlernen kannst. Das aktive Erforschen, woher deine Ängste kommen können, hilft ungemein, die eigenen Muster zu sehen und dann zu beseitigen.

Und je mehr du dich selbst kennenlernst, je mehr du dich in dich selbst verliebst, desto unwichtiger wird es werden, was andere von dir denken könnten.

Dann machst du das, was dich glücklich macht und hast Freude daran, dich on- und offline zu zeigen.

Wenn du trotzdem noch etwas unsicher bist, noch 2 Tipps von mir:

1. Such dir Menschen, die die gleiche Sprache der Liebe sprechen wie du und lass dich unterstützen und dir Feedback geben. Dein Selbstbild und deine Kritik sind oft viel härter als das, was die Menschen so wahrnehmen und daher kann ein Blick von außen oft helfen.

Es sollten aber jene sein, die die gleiche Sprache sprechen im 1. Schritt, sonst kommt es da auch zu Missverständnissen, denn jemand der Geschenke als Sprache hat, wird immer meinen, du müsstest etwas verschenken und wenn das nicht zu dir passt... naja, dann schaut das Feedback eben anders aus, als wenn Ihr die gleiche Sprache sprecht. Denn auch das Live-Video wird anders sein, je nachdem, ob du den Fokus aufs Verschenken legst oder auf den Austausch oder Lob und Anerkennung z. B. Und je mehr du einfach deine Sprache sprichst, wird es dir auch leichter fallen, zu kommunizieren. Privat und auf Social Media.

2. Vergiss den Perfektionismus! In der Schule wurde uns beigebracht, dass Fehler etwas Schlechtes sind. Aber im Businessleben und speziell auf Social Media gilt das nicht! Die Videos mit Fails haben die meisten Views und erzeugen Reichweite. Ein authentisches Video, wo was schief geht, wirkt sympathisch und in den Storys bekommen jene die meiste Aufmerksamkeit, die eben nicht perfekt sind. Wenn du selbst es liebst, alles gut zu organisieren, und dass alles sauber aufgesetzt ist und dir das Freude macht - dann kannst du das ruhig weiter tun. Dann passt die Energie dahinter.

Doch wenn dich das stresst, dann kannst du das ab sofort loslassen.

Und ganz bewusst nochmals mit dem Gedankenstopp arbeiten. Dazu gehst du in das Gefühl rein, das dich stresst, stellst es dir vor und dann stellst du gedanklich eine große Stopptafel auf und sagst 3 x löschen, löschen, löschen - danach noch 10 tiefe Atemzüge durch die Nase ein und den Mund aus und dann lächeln :)

Es sind einfache Tools - aber sehr effektiv!!!!

Ich wünsche dir viel Spaß beim Herausfinden deiner Sprache der Liebe und wie du sie auf Social Media leben kannst und freue mich sehr, wenn du auch mir schreibst, ob du deine Sichtbarkeitsblockade lösen konntest - für Social Media oder auch privat. Denn letztlich geht es immer darum, sich vor anderen Menschen so zu zeigen, wie man ist.

Alles Liebe,

emc - Eva-Maria Christine

KAPITEL 17 VON IRIS HOYER

DIE GOLDENE SCHALE DER TRANSFORMATION

Du bist ein göttlich-universelles Wesen in einem menschlichen Körper, um in der materiellen Welt Erfahrungen machen zu können. Unser Schöpfer, Gott, das Universum, die Quelle des Lichtes, Allah, Kosmos - wie du die Quelle allen Seins nennen magst, möchte niemals, dass du leidest. Ich nenne diese Lichtquelle Gottvater/Gottmutter, einfach Gott, Ich bin absolut überzeugt, dass Gott das Leben und die Liebe ist. Er lässt dich alles erleben, was du wählst. Für mich gibt es definitiv keinen strafenden oder jähzornigen Gott. Unser Schöpfer/Gott hat dir, uns Menschen, alles mitgegeben, um ein erfülltes und freudiges Leben zu führen.

Hier kommt nun deine Anleitung zur Blockadenlösung mit der goldenen Schale der Transformation: Sprich am besten die folgenden Worte laut aus, außer wenn du in Situationen bist, wo es nicht passt, dass du die Worte hörbar aussprechen würdest. Mache das bitte völlig egal, ob du selbst die goldene Schale der Transformation in deinen beiden Händen hältst oder der Engel der Transformation dir die Schale hinhält:

„Ich lege jetzt in diese Schale (zum Beispiel):

- all meine bewusste und unbewusste Wut

- meinen bewussten und unbewussten Zorn, meinen Hass - meine Angst vor...

- meine Trauer

- meine Widerstände gegen meine Heilung

- meine Nichtvergebung und meine Unversöhnlichkeit

- meine Überzeugung, dass mich keiner mag

- meine Angst verlassen zu werden

- meine Hilflosigkeit - alles, wo ich betrogen wurde

- alles, wo ich betrogen habe

- alle meine Schuldgefühle

- meine Angst, dass ich keine neue Wohnung finde

- meine Befürchtung, dass ich keine bessere Arbeitsstelle bekomme

- meine Zweifel, dass ich … niemals hinbekomme - …………

- (Nimm die vorher genannten Formulierungen als Beispiel. Du kannst jederzeit eigene Formulierungen verwenden, oder auch nur eine einzige, die für dich gerade im Moment passt bzw. passen, dann sprich weiter):

Ich akzeptiere und anerkenne dies alles als Teil meiner Erfahrungen und/oder der Erfahrungen meiner Familie und Sippe und/oder des kollektiven Feldes. Ich akzeptiere und anerkenne, es hat mir gedient, auch wenn ich von meinem Verstand her nicht weiß, wann, wo und wozu ich Ja dazu gesagt habe.

Doch jetzt bin ich bereit davon frei zu sein!

Deshalb lege ich dies alles in diese Schale, mit allen dazugehörigen Erfahrungen, Gewohnheiten, Überzeugungen und Prägungen, mit allen Ursachen und Resonanzen, mit allen aus Angst und Wut entstandenen Gedanken und Emotionen mit allen Auswirkungen in und aus allen Richtungen der Zeit, Dimension, Raum und Realität.

Und ich lade meine gesamte Familie und Sippe, sowie alle sonstigen Beteiligten auch dazu ein, alle, die auch bereit sind, davon frei zu sein, legt auch ihr Eures mit in diese goldene Schale der Transformation hinein.

- Atme hier bewusst und achtsam und sprich dann weiter:

Ich gebe nun diese Schale mit allem Inhalt, mit meinem und aller anderen an dich, Engel der Transformation, und ich bitte aus tiefstem Herzen - für mich und gerne für uns alle - um Vergebung und Erlösung, um Reinigung und Transformation, um Heilung und Gnade."

Und ich nehme die vergebene, erlöste, gereinigte, transformierte und geheilte Energie, umhüllt und durchflossen mit reiner Gnade (= Liebe in bedingungsloser Form) wieder und alle Beteiligten sind auch dazu eingeladen, und zwar „Jetzt und für alle Zeit! - Und ich danke dafür!" Jetzt!

- Atme tief! –

Lass dir Zeit. Arbeite lieber zu langsam als zu schnell. Vertraue darauf, dass die neue = transformierte Energie in jede deiner Zellen und in jede Ebene deines menschlichen Seins einfließt.

Wenn du jetzt noch die Worte Jesu: „Es geschehe nach deinem Glauben" oder mit derselben Bedeutung die Worte aus der hawaiianischen Huna-Lehre: „Die Welt ist, wie du sie siehst" in deinem Leben beachtest und dir erlaubst, das zu denken, das auszusprechen, was du wirklich erleben möchtest, dann kannst du dir den Himmel auf Erden erschaffen.

Doch bedenke, es ist ein Prozess. Genieße diesen Prozess und sei dir sicher, dass die Schalenarbeit und das bewusste Denken was du erleben möchtest, extrem machtvolle Werkzeuge sind, um dir dein wundervolles Leben zu erschaffen.

Von Herzen Alles Liebe

Iris Hoyer

KAPITEL 18 VON DIANA HOCHGRÄFE

SCHREIB DEINE GESCHICHTE NEU!

Lebst du ein Leben, das dich wirklich glücklich macht und innerlich erfüllt oder das, was andere von dir erwarten? Sprichst und lebst du deine eigene Wahrheit oder verbiegst du dich ständig für andere und versteckst dich hinter einer Maske? Wie groß und schwer ist dein Rucksack, den du seit Jahren mit dir herumträgst?

Unsere Identität, unser sogenanntes Selbstbild entwickelt sich insbesondere in den ersten sieben Lebensjahren. Dabei spielt unser Umfeld eine immens große Rolle. Wir werden sowohl von unseren Eltern, Großeltern und anderen Verwandten geprägt, die wir oft als Vorbild betrachten, als auch von unseren Lehrern und der Gesellschaft. All das, was wir tagtäglich sehen, hören und erfahren, wird in unserem Unterbewusstsein abgespeichert und beeinflusst unser zukünftiges Leben, unser Denken und Handeln.

Hast du schon einmal für dich reflektiert, wie viele Glaubenssätze und Verhaltensweisen du unbewusst von deiner Familie oder anderen Personen übernommen hast – beispielsweise zu den Themen Beruf/Berufung, Geld, Sicherheit, Spiritualität usw.? Was haben sie dir erzählt und vorgelebt? Früher war es beispielsweise gang und gäbe, eine einzige Ausbildung oder ein Studium zu absolvieren und den einen, ersten Beruf bis an sein Lebensende auszuüben. Doch ist es das, was DICH glücklich macht? Vielleicht haben dir deine Eltern auch von einer Selbstständigkeit abgeraten, weil es viel zu unsicher sei, oder sie sind der Meinung, du solltest dich mal auf eine Sache konzentrieren und nicht tausend Dinge gleichzeitig machen. Was wäre, wenn du dich aber genau dadurch viel freier und erfüllter fühlst als je zuvor und dein Geld mit Spaß und Leichtigkeit verdienst?

Als Kind sind wir noch nicht in der Lage, Dinge zu beurteilen oder einzuschätzen, was „richtig" und „falsch" beziehungsweise für uns stimmig ist. Wir wissen also gar nicht, was unserer ureigenen Wahrheit entspricht. Stell es dir gerne wie einen riesigen Rucksack vor, der sämtliche Glaubenssätze enthält, die du dir über die Jahre angeeignet hast. So wird er auf Dauer immer schwerer und schwerer, wenn du nicht irgendwann innehältst, den Inhalt überprüfst und das aussortierst, was du nicht mehr brauchst.

Was wäre, wenn du dein altes Gepäck endlich ablegst und dich von sämtlichem Ballast befreist, von all den Glaubenssätzen, Ansichten und Verhaltensweisen, die du im Laufe der Jahre von anderen übernommen hast? Wie wäre es, wenn du ab heute deinen ureigenen Weg gehst, deiner Intuition vertraust und deine wahre Berufung lebst?

Immer dann, wenn du dich unwohl und unausgeglichen fühlst oder ständig auf der Suche bist – nach mehr Liebe, Aufmerksamkeit, Anerkennung – und dich danach sehnst, endlich anzukommen, darfst du genauer hinschauen. Denn dies ist ein eindeutiges Zeichen dafür, dass du nicht dein wahres Selbst lebst. Das, was du suchst, befindet sich nicht auf den Gipfeln der Berge oder in den Tiefen der Meere, sondern ist in deinem Herzen, in deinem Inneren zu Hause. Insbesondere, wenn du immer wieder körperliche Beschwerden hast, andauernd krank bist oder ständig mit ähnlichen Situationen oder Personen konfrontiert wirst, ist dies ein Ruf deiner Seele. Denn sie kennt deinen ureigenen Weg...

Es sind die kleinen und großen Zeichen des Universums, dass es etwas für dich zu lernen und zu verändern gibt und noch etwas viel Besseres, Schöneres, Größeres, Wunderbareres auf dich wartet.

Vielerlei Fragen können dich dabei unterstützen, einmal hinter die Kulissen zu schauen:

- Übst du einen Job aus, der dich innerlich erfüllt oder behältst du ihn nur des Geldes wegen und aufgrund vermeintlicher Sicherheiten?

- Bist du in deiner Partnerschaft wirklich glücklich oder verstellst du dich ständig und passt dich an, weil du vielleicht Angst vor dem Alleinsein hast?

- Verbiegst du dich immer wieder für andere und verhältst dich so, wie sie es erwarten, weil du wertgeschätzt, angenommen und geliebt werden möchtest?

- Wie viel Kraft und Energie bringst du für andere auf? Wie oft machst du für andere den Rücken krumm, anstatt dich zuerst um dich selbst und deine eigenen Bedürfnisse, Ziele und Wünsche zu kümmern?

- Was bedeuten Glück und Erfolg für dich? Sind es tatsächlich ein Haus, Familie und Kinder sowie ein fixes Einkommen oder eher stetiges Wachstum und Selbstverwirklichung?

Als erstes dürfen wir uns selbst gegenüber ehrlich sein. Was möchtest DU wirklich? Welche Geschichten erzählst du dir Tag für Tag – aus Angst vor Veränderungen, aus Angst, etwas oder jemanden zu verlieren oder eine geliebte Person zu verletzen, wenn du deine eigene Wahrheit sprichst? Welche deiner uralten

Glaubenssätze halten dich immer wieder von deinem Glück und Erfolg ab?

Bewusstwerdung ist der erste Schritt zur Veränderung. Nur wenn wir reflektieren, wo wir uns selbst belügen oder in unserer Komfortzone verharren, in der es ja so schön gemütlich ist, sind wir in der Lage, neue Entscheidungen zu treffen. Für Veränderungen ist es nie zu spät, denn wir können jeden Tag neu beginnen. Und so ist es vielleicht genau jetzt für dich an der Zeit, dich von sämtlichen Glaubenssätzen und Fesseln zu befreien, die dich immer wieder blockieren und zurückhalten.

Gib dir selbst die Erlaubnis, dich zu ent-wickeln – hin zu deinem wahren Selbst, zu dem, was und wie du wirklich bist! Breite deine Flügel aus und flieg!

Du bist der Schöpfer, die Schöpferin deines Lebens! Du kreierst deine Realität – mit all deinen Gedanken, Worten und Handlungen. Aus dem Buch deines Lebens kannst du zwar keine Seiten herausreißen, aber immer wieder ein neues Kapitel beginnen. Vielleicht schreibst du sogar wortwörtlich dein eigenes Buch, so wie es bei mir der Fall war, nachdem ich die vielen Zeichen und Impulse irgendwann nicht mehr überhören und übersehen konnte.

Das Wichtigste ist, dass du dranbleibst und niemals aufgibst! Denn Geduld zahlt sich auf Dauer immer aus. Oftmals geben wir kurz vor dem Ziel auf, obwohl es fast in Reichweite ist, weil wir uns von Rückschlägen oder den Meinungen anderer entmutigen lassen. *Umgib dich daher stets mit Personen, die dich stärken und motivieren und an dich und deine Träume glauben!* Nichts ist tragischer, als wenn du dich von Miesepetern oder Besserwissern von deinem Weg abbringen lässt. Trenne dich unbedingt von den

Menschen, die dir Energie rauben oder deinen Selbstwert schwächen, selbst wenn es die besten Freunde oder deine Eltern sind. Reduziere diese Kontakte auf ein solches Maß, das dir guttut, sodass du in deiner Kraft und Mitte bleibst.

Frage dich immer wieder: *„Entspricht dies wirklich mir selbst? Ist es meine Wahrheit oder habe ich dies unbewusst von anderen übernommen?"*

Wenn dir beispielsweise als Kind gesagt wurde, dass du nicht schreiben, malen, singen oder musizieren kannst, sei dir bewusst, dass dies nur die Meinung anderer war, deren Sichtweise und Einschätzung. Es gibt ein sehr schönes Zitat von Henry van Dyke:

„Nutze die Talente, die du hast. Die Wälder wären sehr still, wenn nur die begabtesten Vögel sängen."

Dieses hat mich auch auf meinem eigenen Weg motiviert. Denn wie oft vergleichen wir uns mit anderen? Schauen, was sie vielleicht besser können als wir und was sie schon alles erreicht haben, anstatt unsere eigenen Stärken und Erfolge anzuerkennen – und seien die Schritte, die wir gehen, noch so klein. ***Jeder von uns ist einzigartig und DU bist es auch!*** Du hast dieser Welt etwas zu bieten, was sonst niemand hat – deine ganz eigene Melodie. Und du kannst sie auf so vielfältige und wundervolle Weise spielen und ausdrücken.

Vielleicht zeichnest du ein besonderes Bild, schreibst einen Song, komponierst eine Melodie, die jemanden tief in seinem Herzen berührt. Vielleicht zauberst du anderen Menschen einfach durch deine pure Anwesenheit ein Lächeln ins Gesicht, berührst sie durch deine liebenswerte Art.

Sei ein Heiler, eine Visionärin, ein Träumer, eine Magierin – auf deine ganz eigene Art und Weise! Und vergiss nie: Du bist ein Geschenk für diese Welt und kannst sie zu einer noch schöneren machen – durch dein Sein und Wirken!

Ich wünsche dir für deinen Herzensweg alles erdenklich Liebe und Gute, Diana.

Kapitel 19 von Marianne Hämmerle

Schicksal ist veränderbar !

Lieber Leser, liebe Leserin,

ich bin ein Mensch, der schon seit seiner Jugendzeit viele Konzepte ausprobiert und erforscht. Jemand, der alles hinterfragt und neu ordnet. An erster Stelle, wie man sein Leben mehr genießen kann und wie man sein Schicksal sichtbar und fühlbar verändern kann. Somit habe ich sehr viele energetische Methoden erlernt und zuerst an mir selber ausprobiert, um zu schauen, ob, wie schnell und wie lange sie wirken.

Und eine dieser Methoden, die sich über all die Jahre bewährte und mit der Zeit mitging und aktueller denn je ist, teile ich jetzt mit dir und wünsche dir viel Erfolg beim Umsetzen.

Bitte zweifle nicht an ihr, nur weil sie so simpel ist. Diese Methode funktioniert!

Jeder Gedanke, den wir denken, erzeugt Energie/ eine bestimmte Schwingung und verbindet uns mit den dazu passenden Frequenzen, wie eine Stimmgabel, die eine andere Stimmgabel im Raum zum Schwingen bringt, wenn sie die gleiche Frequenz hat!

Auf das Leben übersetzt heißt dies, wenn wir unseren Fokus ständig auf ein Problem lenken, verknüpfen sich Synapsen im Gehirn und es entsteht eine Verbindung, die man sich wie eine Autobahn vorstellen kann, die viel befahren wird und uns an ein bestimmtes Ziel bringt. Im unangenehmeren Fall dahin, wo wir eben nicht hin wollen!

Nun werde ich dir ein Tool an die Hand geben, mit dem du an jedem Problem arbeiten kannst, egal welcher Natur!

Mit dem du die Autobahn zum Einstürzen bringst und leichter an ein neues Ziel gelangst, aber dieses mal an den richtigen Ort.

Atme ein paar mal über die Nase tief ein und aus, im 4er Takt, aber nur so tief, dass es dir davon nicht schwindelig wird!

Lenke nun dein Bewusstsein auf dein Herz, und atme gefühlt über dein Herz tief ein und aus.

Wenn du so weit und in der Ruhe bist, gibst du deinem Unterbewusstsein laut oder in Gedanken den Befehl:

Liebes Unterbewusstsein,

gehe jetzt bitte da hin zurück, wo dieses Problem, diese Blockaden oder diese Situation entstanden ist...

Lass dir etwas Zeit, bis du spürst, dass dein Unterbewusstsein alles eingesammelt hat.

Dann gibst du den Befehl: „Markiere jetzt alle dysfunktionalen Synapsen, die im Zusammenhang mit diesem Thema oder Problem stehen!"

Atme tief ein und aus uns stelle dir vor, wie dein Unterbewusstsein jetzt überall da grüne Häkchen im Gehirn setzt, wo sich diese Synapsen befinden und gib dann den Befehl:

"Alle markierten Synapsen werden nun sofort und auf Dauer gelöscht und oder transformiert in allen Ebenen und Dimensionen und in der Raum-Zeit-Helix."

Atme tief ein und aus, weil das Atmen die Enter Taste für die Bestätigung ist. Das war schon alles mit dem Löschen und oder Transformieren.

Jetzt musst du natürlich eingeben, was du statt dessen haben möchtest. Stell es dir vor oder formuliere eine Affirmation für das was du wirklich willst oder kreiere dir eine neue Geschichte über dein Leben.

Als Inspiration möchte ich dir noch mitgeben, dass du dir öfters in Erinnerung rufst:

Welchen Wolf fütterst du gerade?

Den Schwarzen, der dir das Ventil zur göttlichen Essenz zudreht? Oder den Weißen, der dir das Ventil zur Lebensenergie öffnet und dir mehr Energie zur Verfügung stellt?

Alles Liebe für dich und genieße das Leben.

Es ist so schön, wenn man mit ALLEM WAS IST verbunden ist und bleibt.

In tiefer Verbundenheit mit Dir,

Marianne Hämmerle

Über die Autoren

Daniela Girg

Daniela Girg ist Yin Restorative Yogalehrerin und systemische Therapeutin für feinfühlige Frauen. Seit über 10 Jahren begleitet sie Frauen auf ihrem Weg zu mehr Selbstliebe. In ihrem Podcast Seelengezwitscher und dem gleichnamigen Buch spricht sie über ihren Yogaweg und ihre Erfahrungen mit der Feinfühligkeit.

Hier geht's zur Homepage:
https://www.beziehungsweise-danielagirg.de

Hier geht's zum Facebookprofil:
https://www.facebook.com/daniela.girg

Hier geht's zum Telegramkanal:
t.me/seelengezwitscher

Dharamleen Kerstin Ostendorp

Dharamleen Kerstin Ostendorp ist Heilerin, Energie- und Ayurveda-Medizinerin. Sie verfügt über einen großen Wissens- und Erfahrungsschatz in den komplementären Heilweisen. Zudem dringt sie mit ihrer inneren Weisheit und ihrer Hellfühligkeit bis an die Ursache von Konflikten, Krise und Krankheit vor. Ihr heilerisches Vorgehen ist tiefgründig und schöpft aus der Verbundenheit mit der Quelle allen Seins. Kerstin liegt besonders am Herzen, emotionale Wunden ihrer Kundinnen zu erlösen, um sie damit in eine neue Freiheit, Leichtigkeit und Lebensfreude zu erheben. Seit 2008 profitieren bereits viele Frauen von ihrer Begleitung auf dem Weg in ein gesundes, glückliches und selbstbestimmtes Leben.

Hier geht's zum Newsletter:
https://dharamleen.de/energiemedizin-newsletter/

Hier kannst du dir für 0€ das Magic Prayer Audio runterladen:
https://dharamleen.de/magisch-beten-lernen/

Hier gehts zum YouTube Kanal:
https://bit.ly/youtube-clearing

Christine Maria Schorer

Christine Schorer ist Unternehmerin, Coach, Autorin und heimlicher Fernsehstar. Ihre Stärke ist, Frauen zu ermutigen, sich selbst, ihren Körper und ihre Einzigartigkeit anzunehmen und über sich hinauszuwachsen. Mit ihrer 6-köpfigen Familie wohnt sie in Bayern und verleiht ihrem Leben zusätzlich ihre eigene Würze: scharfes Essen ist ein MUSS!

Hier geht's zur Geschenk-Challenge "Die Göttin in dir":

https://bit.ly/3toAxUz

Hier geht's zur Telegramm-Gruppe: "Die Göttinnen":

https://t.me/+031PV-dOIxtjZWFi

Hier geht's zur Homepage:

www.christineschorer.de

Eine grundlegende Transformation rund um deinen Körper erfährst du auch im Kurs BodyLove 2.0:

https://elopage.com/s/Christine.Schorer/bodylove-2-0

Nicole Grigoleit

Für Nicole Grigoleit ist Entspannung, Vitalität und Persönlichkeitsentwicklung stets ein wichtiger Bestandteil ihrer Arbeit. Als Coach / Mentorin / Zertifizierte intenSati Leaderin/Gesundheitspraktikerin für Entspannung und Vitalität sowie Persönlichkeitsentwicklung im Berufsverband für Gesundheitspraktiker (BFG) / Autorin und Körperberührungskünstlerin unterstützt sie ihre Klienten in ihrer Hawaiianischen Entspannungslounge (Hoaloha Lounge) in Rüdersdorf bei Berlin und auch online dabei, entspannter und bewusster ihr Leben zu gestalten und ihre volle Kraft zu leben.

Hier geht's zur Facebookgruppe:

http://bit.ly/fbgspiritualfitnessmitnicole

Silvia Wenzl

Silvia Wenzl ist energetische Heilerin, hat die Healing Effects® entwickelt und dazu die Healing Effects® Coaching Ausbildung. Mit ihren Healing Effects begleitet Silvia Frauen in ihre Selbstheilungskraft, in ihren heiligen Raum des höchsten Selbst, in ihre Freiheit und Unabhängigkeit, in ihre wahre Seelenfrequenz. Ihr Motto: Tauche hinter deine Geschichten und Gedanken, die du dir erzählst und transformiere dein Mangelbewusstsein in Füllebewusstsein. Sei die Königin in deinem Reich.

Hier geht's zur Homepage:
https://silviawenzl.de

Hier gibt es Infos zur Ausbildung zum Healing Effect Coach:
https://t1p.de/s0dzj

Antje Willmes

Antje Willmes begleitet seit über 20 Jahren Menschen aus dem Schmerz heraus in ein erfülltes, glückvolles Leben. Sowohl auf der körperlichen als auch auf der emotionalen und psychischen Ebene. In ihrer Heilpraktikerpraxis und auch in ihren Seminaren geht sie individuell auf ihre Patienten / Klienten ein und erarbeitet mir ihrer humorvollen, liebevollen Art kompetente und leicht umzusetzende Wege in die Lösung, in ein erfülltes Leben.

Sie bildet nicht nur Heilpraktiker aus und ist Leiterin für den Fachbereich Naturheilkunde der Deutschen Heilpraktikerschule in Bensheim und Mannheim, sie hält auch international Seminare; nicht für Therapeuten oder Coaches, sondern auch für alle Menschen, die ihr Leben leichter und glückvoller gestalten wollen.

Hier geht's zur Homepage:
www.gotoantjewillmes.com
Hier geht's zur Facebookgruppe:
Rein in die Lebenskraft - zurück zu Dir:
https://www.facebook.com/groups/zurueckzurlebenskraftzurueck
zudir

Diana Chahrrour

Diana Chahrrour ist zertifizierte Facilitatorin von Access Consciousness und hat mit Hilfe der Werkzeuge und Clearings von Access es geschafft, ihr Leben und Business komplett zu verändern. Probleme mit dem Körper, der Gesundheit, finanzielle Sorgen, Stress am Arbeitsplatz und schlecht funktionierende Beziehungen gehören bei ihr der Vergangenheit an. Jetzt nutzt sie ihre Erfahrungen, ihr Wissen und die Tools von Access Consciousness, um andere Menschen zu inspirieren, auch ihr Leben aktiv zu verändern, indem sie einfach mehr für sich wählen, um mehr von sich zu sein.

Hier geht's zur Telegram-Gruppe Empower-U:
https://bit.ly/3xntLlV

Hier geht's zur Homepage:
https://www.accessconsciousness.com/en/public-profiles/Diana-Chahrrour/

Catharina Breu

Catharina weiß, dass deine Engel immer bei dir sind und sie dich begleiten, unterstützen und dir helfen. Catharina zeigt dir, wie mit Hilfe deiner Engel dein Alltag so viel leichter wird - auch gerade als Mama. Sie weiß, wovon sie spricht, denn sie ist selbst Mama von einer 3-jährigen Tochter.

Hier geht's zur Facebookgruppe: Engelpower für dein unwiderstehliches Leben und Business:

https://bit.ly/31vLA4I
Hier gibt's 5 SOS-Tipps für mehr Engelenergie:
https://bit.ly/3D1UBQJ

Jessica Hofmann

Jessy von Lebensanker ist Expertin im Bereich Stressmanagement für Führungspersönlichkeiten. Sie weiß nur zu gut, dass Führungspersönlichkeiten meist extrem viel leisten, dafür allerdings nur sehr wenig Anerkennung und Wertschätzung erhalten. Aus diesem Grund hat sie einen Prozess entwickelt, bei dem Führungspersönlichkeiten lernen, ihren Stress zu verstehen und in der Tiefe zu transformieren. So können sie innen wie außen in Balance kommen und sich künftig selbst die fehlende Anerkennung schenken.

Hier geht's zur Homepage:
https://linktr.ee/LebensankerStressmanagement

Hier geht's zum Instagram-Profil:
https://www.instagram.com/lebensanker_stressmanagement/

Claudia März

Claudia März ist EnergyPush für dich und dein Unternehmen. Als dein Coach/Mentorin unterstützt sie dich mit all ihrem Wissen und all ihrer energetischen Arbeit dabei, dein Online-Business in die Sichtbarkeit und Einzigartigkeit zu führen.

Hier geht's zur Facebook-Gruppe:
https://bit.ly/ClaudiaGruppe

Push zum Blockaden sprengen:
https://bit.ly/BlockadenSprengen

Onlineshop:
https://bit.ly/Herzangebot

Rosi Höß

Rosi Höß lebt gemeinsam mit ihrer Tochter im wunderschönen Weinviertel in Niederösterreich. Sie liebt es, kreativ, offen, freundlich, strahlend und vielleicht sogar ein bisschen verrückt zu sein. Ja - Kreativität zieht sich durch all ihr Tun und so wurde aus der früher zurückhaltenden Floristin eine heute selbstbewusste und strahlende Persönlichkeit!

'Menschen mit meinem Strahlen anstecken' - so lautet ihr Credo, deshalb entschied sie sich für ihren Herzensweg, um ihr kreatives Sein zu leben. Zum einen als leidenschaftlicher Beauty-Coach und zum anderen als Sängerin und Poetin.

In diesem Sinne - lass dich anstecken von Rosis Strahlen und tauch ein in die bunte, magische BeautyEnergie von 'MakeupPoesie'.

Hier geht's zur Facebookseite:
https://www.facebook.com/makeuppoesie/
https://www.facebook.com/rosi.hoess

Hier geht's zur Homepage:
https://www.makeuppoesie.com

Hannah Lipinski

Als Ernährungsexpertin und Selbstliebe-Mentorin unterstützt Hannah Lipinski feinfühlige Menschen dabei, sich in ihrem Körper wohl und glücklich zu fühlen. Sie hat selbst 26 Kilo abgenommen und geht seitdem den Weg der Selbstliebe. Sie arbeitet ganzheitlich, individuell und intuitiv und spürt, was es gerade braucht, um deine Begrenzungen zu sprengen.

Facebookgruppe:
https://bit.ly/3NOf2ol

3-Tages Challenge:
https://bit.ly/3NOf2ol

Karin Pilz

Karin Pilz hat sich ihren Traum erfüllt und lebt heute am Meer in ihrer Wahlheimat Zypern.

Als Expertin für Liebessucht und Businessflow zeigt sie spirituellen Unternehmerinnen und weiblichen Coaches, deren Business stagniert, weil sie sich durch ihre Partnerschaft emotional ohnmächtig fühlen, wie sie wieder in die souveräne Handlungsfähigkeit kommen, damit sie mit innerem Frieden im Herzen und ihrem Traumpartner an ihrer Seite ihr Business in den vollen Erfolg führen können.

An ihren deutschsprachigen Online-Programmen, sowie Live-Seminaren und VIP-Mentorings auf der Sonneninsel Zypern, nehmen Frauen aus allen Ländern der Welt teil.

Ganz nach dem von ihr selbst gelebten Motto „Liebesglück und Erfolg im Business" führt sie Frauen in ihre Kraft und wahrhaftige Größe. Sie zeigt ihnen, wie sie als Frau mit ihrer Liebe, Talenten und Begabungen die Königin in ihrem Leben sind, um eine tief erfüllende Partnerschaft und gleichzeitig ein erfolgreiches Business zu haben.

Hier geht's zur Facebookseite:

https://www.facebook.com/LiebesglueckfuerBusinessfrauen

Hier geht's zur Homepage:

https://coaching.karin-pilz.de/Lebenscheck/

Hier geht's zu Instagram:

https://www.instagram.com/karin_pilz_liebesglueck/

Carine Weiss

Carine Weiss ist Heilerin der Neuen Zeit und hilft Single-Frauen, den Weg freizumachen für ihren Traumpartner. Dabei unterstützen sie die Erzengel und die aufgestiegenen Meister. In ihrer Coaching-Praxis bietet sie Heilsitzungen für das innere Kind, Familiensystem- und Ahnenheilung und Mindset-Arbeit an.

Hier geht's zur Homepage:
www.carineweiss.com

Hier geht's zu Instagram:
https://www.instagram.com/carine_weiss

Hier geht's zur Facebookgruppe:
https://www.facebook.com/groups/951676652437088

Eva-Maria Christine Bruckner

Eva-Maria Christine war schüchtern und zurückhaltend, auch im Businessleben hat sie sich bis vor ein paar Jahren lieber im Hintergrund aufgehalten. Mit der Zeit hatte sie festgestellt, dass sie die Bühne und den Auftritt liebt, doch einige Blockaden sie bisher daran gehindert hatten. Die hat sie dann erfolgreich beseitigt.

Inzwischen ist sie eine beliebte Moderatorin. Sie hat Ihren eigenen Youtube-Kanal und Podcast und ist regelmäßig auf Facebook live.

Nun unterstützt sie mit Ihrer Arbeit als Businessmedium und Social Media-Trainerin auch andere dabei, sich und ihr Business zu zeigen. Aber nicht irgendwie, sondern vollkommen authentisch und mit viel Spaß und Freude.

Lade dir hier das E-Book für 0€ herunter: Wie du erfolgreich Werbung schaltest:

https://bit.ly/emc-geschenk

Hier geht's zur Facebookgruppe:
www.facebook.com/groups/darfmandas/

Hier geht's zur Homepage:
https://emc-soulguide.coachy.net

Iris Hoyer

Iris Hoyer ist im schönen Schwabenland in einer Familie mit 5 Kindern geboren. Mit 9 Jahren hörte sie zum ersten Mal bewusst ihre geistigen Führer mit ihr sprechen und ist sich seither voll bewusst, dass sie mit Lichtwesen aus anderen Dimensionen verbunden ist und mit ihnen ständig kommuniziert. Dies geschah kurz nach ihrer Nahtoderfahrung mit 9 Jahren, in der sie von liebevollen, lichtvollen Engelwesen betreut wurde. Sie hatte extrem hohes Fieber und verschiedene Engel kümmerten sich liebevoll um sie. Dieses Erlebnis öffnete ihr den Zugang in die unsichtbaren Welten und die Kommunikation mit unsichtbaren Wesen, wie Engel, aufgestiegene Meister, Naturwesen, Jesus, Mutter Erde etc.

Nach ihrer Aus- und Weiterbildung bei deutschen Banken und der Geburt ihres 2. Kindes, verstärkten sich ihr Hellsehen, Hellhören, Hellwissen etc. noch um ein Vielfaches und sie entschloss sich im Jahre 2000 vollberuflich ihren Seelenweg als Transformations-Coach, Medium und spirituelle Mentorin zu gehen. Seither begleitet Iris Hoyer viele Menschen privat wie auch geschäftlich, sich daran zu erinnern, dass es viel mehr gibt, als unsere irdischen

Sinne wahrnehmen. Dass sich durch die Kommunikation mit unsichtbaren Helfern, wie z. B. Engel, und/oder dem Schöpfer = Gottvater/Gottmutter, das Leben viel leichter, freudiger, erfüllter, friedlicher und mit viel mehr Liebe gestaltet.

Durch die Kommunikation mit dem göttlichen Feld und ihren geistigen Helfern, hat Iris Hoyer ihren ganz eigenen Weg des Manifestierens entwickelt. Unter anderem nutzt sie eine energetische goldene Schale, um niedrige Schwingungen loszulassen und die Kraft von Gebeten, deren gesprochene Worte eine sehr hohe Schwingung haben und somit das Erreichen von Zielen sehr erleichtern.

Sie sagt, dass unser Schöpfer niemals möchte, dass wir leiden. Gott, der das Leben und die Liebe ist, lässt uns alles erleben, was wir wählen. Sie ist absolut überzeugt, dass es keinen strafenden oder jähzornigen Gott gibt. Gott hat uns alles mitgegeben, um ein erfülltes und freudiges Leben zu führen.

Hier gibt's gehandelte Lichtmeditationen jeden Monat für 0€:

https://iris-hoyer.de/gratis/

Hier geht's zur Facebookseite:

https://www.facebook.com/irishoyergaialifemedium

Diana Hochgräfe

Das Schreiben wurde Diana schon mit in die Wiege gelegt. Bereits mit 10 Jahren verfasste sie Gedichte und Kurzgeschichten, war Mitglied in einem Literaturzirkel und gewann kleinere literarische Preisausschreiben. Später ließ sie dieses Talent aufgrund äußerer Umstände ruhen. Nachdem sie im Jahre 2016 ihre kreative Ader wiederentdeckte, erschien ihr erstes Buch "Entdecke dich selbst und finde dein Glück" im September 2017 im Ellert & Richter Verlag. Ihr zweites „Aus der Dunkelheit ins Licht – Mein Weg aus den Depressionen" sowie drittes „Ein kleiner Herzensbrecher namens Nepomuk – Aus dem Leben eines Hundes" veröffentlichte sie 2018 bei tredition. Diana ist Co-Autorin mehrerer Bestseller, wie beispielsweise „ZauberPower für dein unwiderstehliches Business und Leben", und unterstützt als Lektorin mit großer Leidenschaft andere Autoren bei der Veröffentlichung ihrer Buchprojekte.

Als Mentorin begleitet Diana insbesondere feinfühlige und hochsensible Frauen, die auf der Suche nach sich selbst und ihrer Berufung sind. Sie unterstützt sie dabei, ihre Einzigartigkeit zu erkennen, ihr volles Potenzial zu entfalten und ihren ureigenen

Herzensweg zu gehen. Was Diana auszeichnet, sind ihre Empathie und Tiefgründigkeit sowie ihre ausgeprägte Intuition.

Hier geht's zum Newsletter:

https://www.diana-hochgraefe.com/Kontakt/Newsletter/

Hier geht's zur Facebookgruppe:

https://www.facebook.com/groups/schreibdeinegeschichteneu/

Marianne Hämmerle

Marianne Hämmerle ist seit über 10 Jahren Alpha Synapsen Programmierung Lehrerin und Holistische Beraterin. Sie führt Menschen intuitiv und mit Begeisterung in ihren sichtbaren Erfolg und in eine positive Lebensveränderung. Ihr Motto ist: Dein Schicksal veränderbar!

Hier gehts zur Facebookseite:
https://bit.ly/3D72eWm

HAFTUNGSAUSSCHLUSS

Dieses Buch ist konzipiert, um Informationen in Bezug auf das behandelnde Thema zur Verfügung zu stellen.

Es ist Zweck dieses Buches zu bilden und zu unterhalten.

Es wird unter der Voraussetzung verkauft, dass weder der Herausgeber noch die Autoren eine psychologische Beratung durchführen und dass die Prozesse in diesem Buch weder psychologisch noch diagnostisch sind.

Dieses Buch enthält Links zu anderen Seiten im Internet. Diese Links wurden zum Zeitpunkt der Erstellung des Buches sorgfältig recherchiert und zusammengestellt.

Der Herausgeber hat keinen Einfluss auf die Gestaltung und Inhalte der verlinkten Seiten und ist nicht für den Inhalt der verlinkten Seiten verantwortlich und macht sich deren Inhalt auch nicht zu eigen.

Ausschließlich der Anbieter der verlinkten Seiten haftet für deren Inhalt.

Diese Erklärung gilt für alle angezeigten Links und für alle Inhalte der Seiten, zu denen die in diesem Buch vorhandenen Links führen.

Weder Simone Herzog, noch irgendein Verkäufer oder Importeur haftet gegenüber der Käuferin oder dem Käufer für Fehler und Schäden, die direkt oder indirekt durch dieses Buch verursacht oder angeblich verursacht wurden.

Printed in Poland
by Amazon Fulfillment
Poland Sp. z o.o., Wrocław

11066647R00094